# 学术圆桌

## 人民日报学术版专题文章精选

人民日报理论部 ■ 主编

人民日报出版社
北 京

图书在版编目（C I P）数据

学术圆桌：人民日报学术版专题文章精选 / 人民日报理论部主编. — 北京：人民日报出版社, 2023.4

ISBN 978-7-5115-7728-3

Ⅰ.①学… Ⅱ.①人… Ⅲ.①社会科学—文集 Ⅳ.①C53

中国国家版本馆CIP数据核字(2023)第035318号

书　　名：学术圆桌：人民日报学术版专题文章精选
XUESHU YUANZHUO：RENMIN RIBAO XUESHUBAN ZHUANTI WENZHANG JINGXUAN
作　　者：人民日报理论部　主编

出 版 人：刘华新
策 划 人：欧阳辉
责任编辑：寇　诏　刘　悦
封面设计：三鼎甲

出版发行：人民日报出版社
社　　址：北京金台西路2号
邮政编码：100733
发行热线：（010）65369509　65369527　65369846　65369528
邮购热线：（010）65369530　65363527
编辑热线：（010）65363105
网　　址：www.peopledailypress.com
经　　销：新华书店
印　　刷：北京盛通印刷股份有限公司
法律顾问：北京科宇律师事务所 010-83622312

开　　本：880mm × 1230mm　1/32
字　　数：196千字
印　　张：9.75
版次印次：2023年4月第1版　2023年4月第1次印刷

书　　号：ISBN 978-7-5115-7728-3
定　　价：58.00元

# 目录

CONTENTS

## 10 保护传承历史文化



## 11 推进中国特色社会学创新发展



## 12 丰富发展中国特色社会主义政治经济学



## 13 马克思主义在中国展现强大生命力

## 14 促进中医药传承创新发展



## 15 传承发展中华优秀传统制度文化



## 16 建设中国特色中国风格中国气派的考古学

## 17 不断彰显制度史研究的时代价值



## 18 深化中国古代制度史研究

# 01 中国式现代化的世界意义

习近平总书记在党的二十大报告中指出，“中国式现代化为人类实现现代化提供了新的选择，中国共产党和中国人民为解决人类面临的共同问题提供更多更好的中国智慧、中国方案、中国力量”。中国式现代化的成功实践，深刻改变着中国，也深刻影响着世界。在人类现代化进程、人类文明发展进程上，中国式现代化正在书写崭新篇章。

——编　者

《人民日报》（2022年11月02日　第09版）

# 对推进人类现代化进程具有重要意义

张蕴岭

习近平总书记指出："中国式现代化既切合中国实际，体现了社会主义建设规律，也体现了人类社会发展规律。"在新中国成立特别是改革开放以来的长期探索和实践基础上，经过党的十八大以来在理论和实践上的创新突破，我们成功推进和拓展了中国式现代化，使中国成为"世界现代化的增长极"，深刻影响了现代化的世界版图，对破解人类社会发展难题、推进人类现代化进程具有重要意义。

## ◆ 探索适合自己的现代化发展方式

作为现代文明的核心特征，现代化是一个包括经济、政治、文化、社会、科技等在内的综合发展进程。尽管各国在现代化发展中互有关联，但现代化发展进程往往并不同步，推进现代化的道路和方式也各不相同。作为人类共同的探索和实践，世界现代化进程呈现多样性特点。后发国家推进现代化，可以借鉴先行者的成功经验，但照抄照搬鲜有成功者。只有走出符合自身国情的现代化道路，探索出适合自身实际的现代化发展方式，才能平稳有力推进现代化。

近代以来，中国对实现现代化有着强烈的追求，并为之进行了艰辛探索。新中国成立后，我们开启了独立自主推进现代化建设的进程。改革开放以来，我国现代化驶入快车道。我们构建起社会主义市场经济体制，充分发挥市场在资源配置中的决定性作用，更好发挥政府作用，激发各类市场主体活力；坚持对外开放基本国策，实行积极主动的开放政策，形成具有自身特色的现代化发展方式，加快了现代化建设的步伐。党的十八大以来，我们立足新发展阶段、贯彻新发展理念、构建新发展格局，推动高质量发展，全面深化改革开放，构建高水平社会主义市场经济体制，推动新型工业化、信息化、城镇化、农业现代化叠加发展。坚持把实现人民对美好生活的向往作为现代化建设的出发点和落脚点，着力促进全体人民共同富裕，坚决防止两极分化，不断厚植现代化的物质基础。大力发展社会主义先进文化，促进物的全面丰富和人的全面发展，推动物质文明、政治文明、精神文明、社会文明、生态文明协调发展，走出了中国式现代化道路。

实践证明，不照抄照搬西方国家现代化模式，坚持独立自主开辟现代化发展道路，立足本国国情探索适合自己的现代化发展方式，是中国式现代化取得成功的一个重要原因。这启示世界上那些既希望加快发展又希望保持自身独立性的国家和民族，通向现代化的道路不止一条，世界上不存在定于一尊的现代化模式，也不存在放之四海而皆准的现代化标准，适合自己的才是最好的；锚定自己的现代化目标，立足本国国情就能够探索出自己的现代化道路。

### ◆ 科学回答现代化的本质是什么这一重大命题

从传统社会走向现代社会，是一场深刻的转变。在这个过程中，西方资本主义国家的现代化先天性地包含着资本主义制度本身无法克服的局限性。这种以资本为驱动的现代化在带来经济社会发展的同时，造成了贫富悬殊、两极分化、精神空虚等一系列问题，困扰着经济社会的进一步发展。中国式现代化是中国共产党领导的社会主义现代化，是人口规模巨大的现代化、全体人民共同富裕的现代化、物质文明和精神文明相协调的现代化、人与自然和谐共生的现代化、走和平发展道路的现代化，坚持以人民为中心，把促进全体人民共同富裕作为目标，既促进物的全面丰富，也促进人的全面发展。这体现了社会主义的本质要求，超越了资本主义现代化的局限性。

在推进现代化建设进程中，我们始终从国情出发想问题、作决策、办事情，注重解决地区差距、城乡差距、收入分配差距，促进社会公平正义，促进共同富裕。通过有效的减贫和扶贫政策举措，实现了农村贫困人口全部脱贫的目标；实施区域协调发展战略，持续缩小区域发展差距；逐步构建起全民共享的基本医疗保险体系、养老保险体系等。中国在实现快速现代化的过程中，保持了社会稳定有序，并且不断提升全民共享改革发展成果的水平，满足人民对美好生活的向往，提升人民的获得感、幸福感、安全感。中国式现代化推动物质文明和精神文明协调发展，不断夯实人民幸福生活的物质条件，大力发展社会主义先进文化，加强理想信念教育，传承中华文明，努力促进物质富足、精神富有。

习近平总书记指出，现代化的本质是人的现代化。如果现代化的成果不能惠及最大多数的人，或者造成人精神空虚，这样的现代化就走错了方向。这正是人类当下遭遇的一些现代化问题的症结所在。中国式现代化的成功实践表明，只有把实现人民对美好生活的向往作为现代化建设的出发点和落脚点，促进人的全面发展，现代化才有不竭的动力，现代化之路才能越走越宽广。

## ◆ 走可持续发展的现代化新路

回顾世界现代化进程可以发现，以传统工业化为主要推动力的现代化在给世界带来前所未有大发展的同时，造成生态环境恶化的重大危机。一些国家未能处理好生产与生态关系带来的严重后果警示我们，人类必须走可持续发展的现代化新路。

中国式现代化把生态文明建设纳入中国特色社会主义建设的总体布局，创造性提出人与自然是生命共同体的绿色发展理念，在推进现代化进程中坚持人与自然和谐共生，走生产发展、生活富裕、生态良好的文明发展道路。我们推动实现更高质量、更有效率、更加公平、更可持续、更为安全的发展，把“绿色”写入新发展理念，把“美丽中国”作为全面建成社会主义现代化强国的目标之一；完整、准确、全面贯彻新发展理念，促进经济社会发展全面绿色转型；深入打好污染防治攻坚战，持续打好蓝天、碧水、净土保卫战，让人民群众感受到生态环境质量实实在在的改善，不断满足人民群众日益增长的优美生态环境需要。

作为人口规模巨大、经济总量居世界第二的国家，中国走人与自然和谐共生的现代化发展道路，其影响不仅仅限于自身，对世界的可持续发展也具有重要意义，特别是为后发现代化国家在推进现代化过程中摒弃轻视自然、支配自然、破坏自然的错误观念，处理好生产和生态的关系，走绿色发展之路提供了中国智慧。

（作者为山东大学教授）

# 为世界文明发展作出重大贡献

丰子义

现代化是人类社会发展的一次巨大转型，也是人类文明发展的重大进步。中国式现代化的成功实践，不仅为人类现代化提供了新的选择，而且创造了人类文明新形态。这一文明新形态赓续中华文明的优秀基因，彰显社会主义文明的本质属性，凝结着现代文明的时代精华，具有集成性、融合性和创新性、创造性，展现了人类文明向上向前发展的光明前景。党的二十大报告提出了中国式现代化的本质要求，其中一点就是“创造人类文明新形态”。随着中国式现代化的深入推进，人类文明新形态将更加生机蓬勃，为世界文明发展作出重大贡献。

拓展人类文明发展路径。近代以来人类社会的现代化，是以资本主义为开端、以西方国家为主体的，因而资本主义现代化模式曾被很多人认为是唯一的。但一些发展中国家追随欧美资本主义国家的发展理念和发展道路，到头来却没有解决好自身的发展问题。发展中国家的现代化是后发性的，其发展的背景、起点、推进方式，以及在世界体系中的位置、遇到的矛盾和问题等都与西方发达国家不同。解决这些复杂矛盾和问题，并没有现成答案，而要着眼于自身的历史文化和国情实际，探索适合自己的道路。中国共产党领导中国人民既始终坚持社会主义发展方向，又根据中国的历史文化传统和现实国情，赋予现代化鲜明的中国特色，探索出独具特色的现代化发展道路，并且获得巨大成功。中国的成功实践，拓展了人类文明发展的路径，也向世界说明了一个道理：治理一个国家，推动一个国家实现现代化，并不只有西方制度模式这一条道路，各国完全可以走出自己的道路来。走自己的路，并不是排斥借鉴别人的路，而是强调克服盲从，加强自主的理论和实践探索。这样的成功探索，对现代化和人类文明进程都是新的推动和拓展。

丰富人类文明内涵。中国式现代化是在遵循世界现代化发展一般规律的基础上，紧密结合本国实际形成和发展起来的。由此开创的人类文明新形态，既遵循人类文明发展的一般规律，更有创新创造，彰显鲜明的中国特色，丰富了人类文明的内涵。比如，中国提出并践行以人民为中心的发展思想，创新、协调、绿色、开放、共享的新发展理念，全过程人民民主等重要思想理念，为人类文明增添了新的内涵，提高了人类文明程度。在现代化探索进程中，许多立足中国大地、着眼解决现实问题的创新创造具有深远意义。比如，创新、协调、绿色、开放、共享的新发展理念，超越了以往单一强调经济增长和经济结构转型的发展理论，为发展中国家摆脱有增长无发展的低度发展问题提供了新的理念和思路。再如，在经济发展史上，从来没有把社会主义和市场经济成功结合的先例。我们党立足国情和发展阶段，创造性提出发展社会主义市场经济，建立起富有活力的社会主义市场经济体制，极大解放和发展了社会生产力。这样的创新创造，拓展和深化了人们对社会主义建设规律的认识，也为人类社会发展提供了新的经验。

为人类文明发展注入新动力。中国用几十年时间走完发达国家几百年走过的工业化历程，创造了经济快速发展奇迹和社会长期稳定奇迹，连续多年对世界经济增长的贡献率达到30%左右，成为世界经济增长的主要稳定器和动力源。中国组织实施人类历史上规模空前、力度最大、惠及人口最多的脱贫攻坚战，使占世界近五分之一的人口摆脱了绝对贫困，提前10年实现联合国2030年可持续发展议程减贫目标，为全球减贫事业注入动力。中国把自身发展与世界各国共同发展结合起来，推进高质量共建“一带一路”，打造当今世界范围最广、规模最大的国际合作平台，给参与国家带来实实在在的发展机会。在新冠疫情给世界经济复苏带来严重不利影响、人类发展指数连续下降的严峻时刻，中国提出并以一系列务实举措推进全球发展倡议，为彷徨于十字路口的全球发展事业注入希望和动力。中国式现代化始终在与世界各国的良性互动中推进，不断为世界发展提供机遇、贡献力量。

指引人类文明发展的正确方向。随着经济全球化深入发展，各国之间联系日益紧密，经济社会和科学技术发展步伐不断加快，人类文明成果空前繁荣。但与此同时，人类面临的矛盾和挑战层出不穷，传统安全和非传统安全挑战交织叠加。面对全球性问题，有的国家将其归咎于经济全球化，筑起单边主义、保护主义的“高墙”；有的国家以冷战思维思考问题，试图用遏制、对抗的办法解决世界发展的矛盾和问题。事实证明，这些思维和主张不仅行不通，还会将世界带入分裂对抗的危险境地。站在人类文明何去何从的十字路口，面对“世界向何处去、人类怎么办”的时代之问，习近平总书记提出构建人类命运共同体的重大理念，为共建美好世界提供了中国方案。构建人类命运共同体理念，立足全人类整体利益和长远利益，倡导命运与共、团结合作、多赢共赢，指引人类文明发展的正确方向。中国在推进现代化建设过程中，注重加强与世界各国的互利合作，以实际行动推动构建人类命运共同体。构建人类命运共同体理念越来越深入人心，世界上的有识之士越发认识到，霸道强权从来不是一个文明走向强盛的必然选项，零和博弈、你输我赢也不是人类文明发展的出路；只有坚持合作共赢、共同发展，人类文明才能永续繁荣。

深化文明交往的规律性认识。人类文明是随着人类交往的扩大而形成、发展起来的。在人类文明体系中，各种文明都有自己的独特价值。不同文明之间相互尊重、求同存异、取长补短、交流交融，人类文明才能绵延不息、繁荣兴盛。如果封闭自己或者企图以“文明优越论”“文明冲突论”改造同化其他文明，就会给自己、给人类文明发展带来灾难。历史上，中华文明在兼收并蓄、博采众长中不断发展。而今，中国式现代化也在与世界其他文明的交流中推进和拓展，并以平等交流互鉴的方式丰富人类文明，促进人类文明的整体进步。以宽广胸怀理解不同文明的特质，尊重不同国家人民对自身发展道路的探索，以文明交流超越文明隔阂，以文明互鉴超越文明冲突，以文明共存超越文明优越，中国式现代化弘扬平等、互鉴、对话、包容的文明观，指明不同文明的正确相处之道，深化人类对文明交往的规律性认识，促进人类文明持续繁荣发展。

（作者为北京大学哲学系教授）

# 为人类对现代化理论的探索作出新贡献

曾　峻

进入新时代，我们党对建设社会主义现代化国家在认识上不断深入、战略上不断成熟、实践上不断丰富，成功推进和拓展了中国式现代化。习近平总书记深刻阐明了中国式现代化的中国特色、本质要求和必须牢牢把握的重大原则等重大问题，阐明了在现代化问题上的鲜明立场和主张，形成了全新的现代化理论，为人类对现代化理论的探索作出新贡献。

## ◆ 形成具有中国特色、体现社会主义原则的中国式现代化理论

在党的十九届五中全会第二次全体会议上，习近平总书记总结了中国式现代化的中国特色，即人口规模巨大的现代化、全体人民共同富裕的现代化、物质文明和精神文明相协调的现代化、人与自然和谐共生的现代化、走和平发展道路的现代化。在庆祝中国共产党成立100周年大会上，习近平总书记强调："我们坚持和发展中国特色社会主义，推动物质文明、政

治文明、精神文明、社会文明、生态文明协调发展，创造了中国式现代化新道路，创造了人类文明新形态。”在党的二十大报告中，习近平总书记进一步指出中国式现代化的本质要求，即坚持中国共产党领导，坚持中国特色社会主义，实现高质量发展，发展全过程人民民主，丰富人民精神世界，实现全体人民共同富裕，促进人与自然和谐共生，推动构建人类命运共同体，创造人类文明新形态。同时提出中国式现代化必须牢牢把握的重大原则，即坚持和加强党的全面领导，坚持中国特色社会主义道路，坚持以人民为中心的发展思想，坚持深化改革开放，坚持发扬斗争精神。从根本方向、领导力量、发展道路、基本特征、根本价值到总体目标、战略步骤、重点任务、根本动力、推进路径、战略保障等，我们党对实现什么样的现代化、怎样实现现代化形成逻辑严密、内涵丰富的科学认识，形成具有中国特色、切合中国实际、体现社会主义原则的中国式现代化理论。

中国式现代化是中国共产党领导的社会主义现代化。社会主义性质决定了中国式现代化必然摒弃西方以资本为中心的现代化、两极分化的现代化、物质主义膨胀的现代化、对外扩张掠夺的现代化老路，走出立足中国国情、不同于西方的现代化新路。中国共产党领导的社会主义现代化的成功实践说明，资本主义不是通往现代化的唯一制度选择。社会主义与市场经济的有机结合，党的领导、人民当家作主、依法治国的有机统一，社会主义先进文化、革命文化和中华优秀传统文化的相得益彰……各个领域理论和实践的创新创造，展现了中国式现代化的先进性、开放性和生命力。中国式现代化实现了对资本主义发展模式的超越。

推进和拓展中国式现代化，彰显了中国共产党和中国人民鲜明的主体意识。人类历史表明，没有一个民族、一个国家可以通过依赖外部力量、照搬外国模式、跟在他人后面亦步亦趋实现强大和振兴。中国共产党团结带领人民之所以能够不断创造新的辉煌，就在于始终立足中国国情，坚持独立自主，并以兼收并蓄的姿态吸收人类文明一切有益成果，但反对照抄照搬，反对把其他国家的做法绝对化、教条化。以中国式现代化全面推进中华民族伟大复兴，要继续坚守独立自主的立场，弘扬自立自强的民族精神，把国家和民族发展放在自己力量的基点上，把中国发展进步的命运牢牢掌握在自己手中。

### ◆ 打破西方对现代化理论和话语的垄断，拓展人类对现代化的规律性认识

从人类现代化的发展时序看，西方国家现代化处于先发行列并在全球范围内产生了广泛影响，一度成为一些发展中国家效仿的样板。与此相对应，基于西方实践建构起来、反映西方国家现代化规律的现代化理论被一些人奉为金科玉律。这种外部以经济和军事实力为支撑、内部以资本及其政治代理人为支

撑的理论和话语垄断，导致一些人认为无论是现代化的标准还是实现路径都应模仿西方，从而陷入西方现代化理论和话语的迷思，以致一些国家盲目照搬西方模式，其结果不仅没有实现现代化，还导致国家发展失序、社会动荡不安。

世界上既不存在定于一尊的现代化模式，也不存在放之四海而皆准的现代化标准。中国式现代化展现了现代化的全新方向和图景，使人类对现代化问题有了崭新的认识。随着中国式现代化的成功推进和拓展，形成了一系列现代化的新概念、新范畴、新表述，打破了西方对现代化理论和话语的垄断，不断拓展和深化人类对现代化的规律性认识。

内涵拓展。人类对现代化标准、对现代性的理解应是与时俱进发展、面向各国开放的话语体系，不能把根据少数国家实践形成的认识固定化、绝对化。各国都可以根据自身现实国情、经济社会发展条件、历史文化传统等探索实现现代化的途径，并在实践基础上总结关于现代化建设的规律，丰富拓展人类对什么是现代化、评价现代化的标准是什么等问题的认识。比如，中国式现代化坚持以人民为中心的发展思想，把现代化成果是否更多更公平惠及全体人民，以及人民群众获得感、幸福感、安全感是否增强等作为重要评价标准，为破解人类现代化进程中两极分化等难题指明了方向。

道路拓展。现代化道路是多元多样的，各国可以根据自身需要、各自情况独立自主探索。中国式现代化是在中国大地上内生性演化而来的，体现了马克思主义现代化理论与中国现代化发展实际的紧密结合，具有中华民族五千多年文明的深厚底蕴，彰显近代以来中华民族对实现国家富强、民族振兴、人民幸福的强烈追求，体现新中国成立以来党和人民的艰辛探索。同时中国式现代化博采众长，并运用审慎鉴别、区别对待的科学方法，坚持以我为主，实现对人类现代化有益经验的为我所用。

方式拓展。展现现代性及其蕴含的共同价值的方式是丰富多彩的。和平、发展、公平、正义、民主、自由，是全人类的共同价值，也是各国现代化的共同追求。它们具体地、现实地体现到各国实践中的方式是不同的。比如民主，中国根据本国国情和人民期待，积极发展全过程人民民主，把民主价值和理念转化为科学有效的制度安排，转化为具体现实的民主实践，丰富拓展了人类政治文明。

（作者为中共上海市委党校教授）

# 02 深化中国式现代化理论研究

习近平总书记在省部级主要领导干部专题研讨班上发表重要讲话并指出，“在新中国成立特别是改革开放以来的长期探索和实践基础上，经过党的十八大以来在理论和实践上的创新突破，我们成功推进和拓展了中国式现代化”“我们推进的现代化，是中国共产党领导的社会主义现代化，必须坚持以中国式现代化推进中华民族伟大复兴”。这为学术界深化中国式现代化理论研究指明了方向、提出了重大课题。我们要深入研究中国式现代化道路新在哪里，带来哪些启示。

——编　者

《人民日报》（2022年10月10日　第17版）

# 中国式现代化道路新在哪里

黄群慧

习近平总书记指出：“我们坚持和发展中国特色社会主义，推动物质文明、政治文明、精神文明、社会文明、生态文明协调发展，创造了中国式现代化新道路，创造了人类文明新形态。”中国式现代化既切合中国实际，体现社会主义建设规律，又体现人类社会发展规律，实现了对西方现代化理论的全面超越，有着深刻的历史逻辑、理论逻辑、实践逻辑。作为一条现代化新道路，中国式现代化对于推进人类社会现代化进程具有重要理论价值和实践意义。

## ◆ 坚持以人民为中心的发展思想，摒弃西方现代化老路

中国式现代化遵循现代化理论中关于以工业化、市场化、经济全球化促进生产力发展的普遍规律，但其与西方现代化的基本逻辑并不相同，与西方现代化有着本质区别。

中国式现代化摒弃了西方现代化所遵循的生产力发展单纯

服从于资本的逻辑，摒弃了西方以资本为中心的现代化、两极分化的现代化、物质主义膨胀的现代化、对外扩张掠夺的现代化老路，既实现了对西方现代化理论的超越，又丰富和发展了马克思主义发展理论。中国式现代化坚持以人民为中心的发展思想，把增进人民福祉、促进人的全面发展、朝着共同富裕方向稳步前进作为经济发展的出发点和落脚点，扎实推动共同富裕，不断增强人民群众获得感、幸福感、安全感。中国式现代化统筹推进经济建设、政治建设、文化建设、社会建设、生态文明建设，推动新型工业化、信息化、城镇化、农业现代化同步发展，推动物质文明、政治文明、精神文明、社会文明、生态文明协调发展，形成了系统协调的现代文明新形态。围绕满足人民美好生活需要，针对发展不平衡、不协调、不可持续问题，中国式现代化推动经济发展质量变革、效率变革、动力变革，努力实现创新成为第一动力、协调成为内生特点、绿色成为普遍形态、开放成为必由之路、共享成为根本目的的高质量发展。新时代现代化理论的创新突破，指引我国从“现代化的迟到国”跃升为“世界现代化的增长极”。

### ◆ 坚持立足本国国情探索现代化动力机制和战略，给发展中国家走向现代化带来启示

坚持独立自主开辟发展道路，立足本国国情探索适合自己的现代化动力机制和战略，是中国式现代化取得成功的一个重

要原因。

从现代化动力机制看，我们党创造性地把社会主义与市场经济有机结合起来，探索建立了社会主义市场经济体制，既充分发挥市场经济提高资源配置效率的长处，又有效发挥社会主义制度集中力量办大事的优越性；既使市场在资源配置中起决定性作用，又更好发挥政府作用；既充分利用资本在促进生产力发展方面的积极作用，又有效防止资本野蛮生长，实现了有效市场和有为政府的更好结合，让一切劳动、知识、技术、管理、资本的活力竞相迸发，让一切创造社会财富的源泉充分涌流，极大解放和发展了社会生产力。

从现代化战略看，新中国成立以来，我们党始终立足本国国情和发展阶段对建设社会主义现代化国家作出战略安排，并以五年规划（计划）的形式加以贯彻落实。进入新时代，以习近平同志为核心的党中央对全面建成社会主义现代化强国作出了分两步走的战略安排：从2020年到2035年基本实现社会主义现代化，从2035年到本世纪中叶把我国建成富强民主文明和谐美丽的社会主义现代化强国；并在“十三五”“十四五”规划建议中提出一批具有标志性的重大战略，实施富有前瞻性、全局性、基础性、针对性的重大举措。习近平总书记关于立足新发展阶段、贯彻新发展理念、构建新发展格局、推动高质量发展的一系列重要论述，为破解发展难题、增强发展动力、厚植发展优势、加快现代化发展提供了行动指南。适合国情的正确现代化战略，指引我国加快迈上更高质量、更有效率、更加公平、更可持续、更为安全的发展之路。

中国式现代化的成功实践向世人表明，一个后发国家即使不具备先发国家那样的发展条件，只要锚定自己的现代化目标，立足本国国情独立自主探索适合自己的现代化道路，也能实现跨越式发展。

### ◆ 积极倡导文明交流互鉴，打破西方“文明冲突论”对人类文明的桎梏

西方现代化是从农耕文明到工业文明再到信息文明的依次发展过程，形成传统和现代二元对立的文明观，主张用现代性取代传统性。许多西方学者和政要认为，多种文明不可能和谐相处，必然发生冲突和对立。在西方现代化史上，一些国家利用其工业文明的先发优势对仍处于传统农业文明阶段的国家和民族进行侵略、压迫和奴役。今天，一些西方学者和政客依然在竭力宣扬西方文明等同于现代文明，试图改造其他文明。这加剧了世界范围的文明冲突，不利于人类文明丰富和发展。

中国式现代化主张以文明交流超越文明隔阂，以文明互鉴超越文明冲突，以文明共存超越文明优越，探索创立具有包容性的人类文明新形态。我们党坚持把马克思主义基本原理同中国具体实际相结合、同中华优秀传统文化相结合，用马克思主义真理的力量激活了中华民族历经几千年创造的伟大文明，使

中华文明再次迸发出强大精神力量。坚持弘扬平等、互鉴、对话、包容的文明观，尊重文明多样性，推动不同文明交流对话、和平共处、和谐共生，努力让文明交流互鉴成为增进各国人民友谊的桥梁、推动人类社会进步的动力、维护世界和平的纽带。中国式现代化打破了西方“文明冲突论”对人类文明的桎梏，推动人类创造的各种文明交相辉映、相互尊重、和谐共处。

### ◆ 坚持走和平发展道路，维护世界和平、促进共同发展

习近平总书记指出，我国现代化是“走和平发展道路的现代化”。与西方国家在现代化进程中长期奉行“国强必霸”的丛林法则和对抗性的零和博弈思维不同，和平发展是中国式现代化的重要特征。在推进现代化的过程中，中国始终坚守永远不称霸、不搞扩张、不谋求势力范围的庄严承诺，坚持推动构建人类命运共同体，在努力谋求自身发展的同时，积极为维护世界和平、促进共同发展贡献力量。

当今世界正经历百年未有之大变局，这场变局不限于一时一事、一国一域，而是深刻而宏阔的时代之变。百年变局和世纪疫情相互叠加，世界进入新的动荡变革期。各国人民对和平发展的期盼更加殷切，对公平正义的呼声更加强烈，对合作共赢的追求更加坚定。这更加凸显了走和平发展道路的中国式现代化的重大意义。针对当前世界面临的一系列现代化困境和

危机，中国积极推动构建人类命运共同体，推动共建“一带一路”高质量发展，提出全球发展倡议、全球安全倡议，科学回答世界之问、时代之问，指出人类文明进步和现代化发展的正确方向，为建设持久和平、普遍安全、共同繁荣、开放包容、清洁美丽的世界贡献了中国智慧、中国方案、中国力量。

（作者为中国社会科学院经济研究所所长）

# 新型城镇化是中国式现代化的必然选择

史育龙

现代化是人类社会发展的潮流，城镇化是现代化的必由之路。改革开放以来，我国经历了世界历史上规模最大、速度最快的城镇化进程，取得了举世瞩目的成就。习近平总书记指出：“如果城镇化目标正确、方向对头，能走出一条新路，将有利于释放内需巨大潜力，有利于提高劳动生产率，有利于破解城乡二元结构，有利于促进社会公平和共同富裕，而且世界经济和生态环境也将从中受益。”10年来，以习近平同志为核心的党中央深刻把握我国城镇化发展规律，提出推进以人为核心的新型城镇化，引领我国城镇化发展取得历史性成就，为社会主义现代化建设作出重大贡献。实践证明，推进以人为核心的新型城镇化，推动新型工业化、信息化、城镇化、农业现代化同步发展，是中国式现代化道路的重要内容，也是以中国式现代化推进中华民族伟大复兴的必然选择。

推进人口大国实现现代化的必然选择。在我们这样一个拥有14亿多人口的发展中大国实现现代化，在人类发展史上没有先例。大规模城镇化推动数亿农村富余劳动力和农村人口向城镇转移，向劳动生产率更高的非农产业部门转移，提高了经济发展质量和效益，推动经济持续发展和社会全面进步。改革开放以来，我国城镇化快速推进，平均每年新增城镇常住人口超过1600万人，城镇化率从1978年的17.9%提升到2012年的53.1%。城镇化吸纳大量农村劳动力转移就业，提高城乡生产要素配置效率，推动了国民经济持续快速发展，带来了社会结构深刻变革。党的十八大以来，我们党着力提升城镇化水平和质量，扎实推进以人为核心的新型城镇化战略，2021年全国常住人口城镇化率达到64.7%，城镇常住人口总量超过9亿人，空间格局不断优化、城市可持续发展能力不断增强、城乡面貌焕然一新，为我国经济持续健康发展和居民生活水平提高提供了有力支撑。

推进全体人民共同富裕的必然选择。共同富裕是社会主义的本质要求，也是中国式现代化的重要特征。实现共同富裕，要求我们着力解决城乡发展不平衡问题，让发展成果更多更公平惠及全体人民。以人为核心的新型城镇化，坚持发展为了人民、发展依靠人民、发展成果由人民共享，让全体人民共享城镇化成果，提高人口素质，促进人的全面发展和社会公平正义。党的十八大以来，我们党深入实施就业优先战略，统一城乡居民基本养老保险制度，整合城乡居民基本医疗保险制度，建立城乡统一、重在农村的义务教育经费保障机制，制定基本公共服务国家标准，放开放宽除个别超大城市外的落户限制，保障随迁子女义务教育。2012—2021年，我国年均新增城镇就业超过1300万人，城乡居民人均可支配收入比从2.88：1下降到2.5：1，城乡居民在公共服务和生活水平上的差距日益缩小，不断向共同富裕目标迈进。

推进物质文明和精神文明相协调的必然选择。我国现代化强调物质文明建设和精神文明建设都搞好、国家物质力量和精神力量都增强、全国各族人民群众物质生活和精神生活都改善。城市是文化的载体，文化是城市的灵魂。一个城市的历史遗迹、文化古迹、人文底蕴，是城市生命的一部分。新型城镇化注重文化传承，强调根据不同地区的自然历史文化禀赋，体现区域差异性，提倡形态多样性，防止千城一面，发展有历史记忆、文化脉络、地域风貌、民族特点的美丽城镇，形成符合实际、各具特色的城镇化发展模式。党的十八大以来，我们党坚持传承历史文化，妥善处理好保护和发展的关系，注重延续城市历史文脉，像爱惜自己的生命一样保护好城市历史文化遗产，尊重和善待城市中的老建筑，把老城区改造提升同保护历史遗迹、保存历史文脉统一起来，既改善人居环境，又保护历史文化底蕴，让历史文化和现代生活融为一体，让人们记得住历史、记得住乡愁，坚定文化自信，增强家国情怀。

推进人与自然和谐共生的必然选择。我国现代化是人与自然和谐共生的现代化，注重同步推进物质文明建设和生态文明建设。城市是现代化的重要载体，也是人口最密集、污染排放最集中的地方，城市建设必须处理好生产生活和生态环保的关系。新型城镇化不仅考虑规模经济效益，而且把生态文明理念全面融入城镇化进程，统筹城市布局的经济需要、生活需要、生态需要、安全需要。党的十八大以来，我们党着力推进绿色发展、循环发展、低碳发展，节约集约利用土地、水、能源等资源，强化环境保护和生态修复，减少对自然的干扰和损害，推动形成绿色低碳的生产生活方式和城市建设运营模式；发挥各地区比较优势，增强中心城市和城市群等经济发展优势区域的经济和人口承载能力，促进各类要素合理流动和高效集聚。10年来，绿色城市、韧性城市、低碳城市建设有效减少了能源资源消耗，降低了碳排放强度，大大增加了良好生态环境这个最普惠的民生福祉；“两横三纵”的城镇化战略格局基本形成，京津冀、长三角、珠三角等19个城市群承载着我国70%以上的人口、贡献超80%的GDP，成为高质量发展的重要动力源。

推进走和平发展道路的必然选择。与一些老牌资本主义国家走暴力掠夺殖民地的道路不同，我国现代化坚持走和平发展道路。当前，百年变局和世纪疫情叠加，世界进入新的动荡变革期。我们要坚持把国家和民族发展放在自己力量的基点上，把扩大内需作为保持经济平稳较快发展的基本立足点，牢牢掌握发展主动权。扩大内需的最大潜力在于城镇化。当前，我国常住人口城镇化率低于发达国家平均水平，户籍人口城镇化率与常住人口城镇化率相比还有明显差距，城镇化动力仍然强劲，还有较大发展空间，蕴含巨大内需潜力和强大发展动能。一方面，通过城镇化带动几亿农民迈向现代化，将推动城镇消费群体不断扩大、消费结构不断升级、消费潜力不断释放，也会带来城镇基础设施、公共服务设施和住宅建设等巨大投资需求，形成日益强大的国内市场优势。另一方面，随着中国经济深度融入世界经济，中心城市、都市圈和城市群成为参与国际分工合作、吸引全球高端要素集聚的重要平台，在加快构建新发展格局中发挥着重要作用。推进新型城镇化不仅有利于我国以国内大循环吸引全球资源要素，在全球产业链价值链中发挥日益重要的功能，而且有助于我国继续维护世界和平稳定、促进全球发展繁荣。

当今中国，城镇化与工业化、信息化、农业现代化同步发展、相互促进、相辅相成。工业化处于主导地位，是发展的动力；农业现代化是重要基础，是发展的根基；信息化具有后发优势，为发展注入新的活力；城镇化是载体和平台，拓展工业化和信息化发展空间，带动农业现代化加快发展，发挥着不可替代的重要作用。我们要继续深入推进以人为核心的新型城镇化，稳步提升城镇化质量，为全面建设社会主义现代化国家提供坚实有力的支撑。

（作者为习近平经济思想研究中心主任）

# 中国式现代化具有重要启示意义

文红玉　王雨晨

习近平总书记指出："我国现代化是人口规模巨大的现代化，是全体人民共同富裕的现代化，是物质文明和精神文明相协调的现代化，是人与自然和谐共生的现代化，是走和平发展道路的现代化。"中国式现代化覆盖人口多、影响范围大，为世界现代化实践提供了可供借鉴的中国理论和中国方案，具有重大启示意义。

中国式现代化孕育形成中国式现代化理论，对丰富发展现代化理论具有重要启示意义。长久以来，因占据现代化发展早期红利，西方资本主义国家控制了现代化话语霸权。国际学术界很多人将现代化等同于西方化，甚至认为现代化只能在西方文化土壤中发生。中国式现代化的实践证明，现代化不是单选题，历史条件的多样性决定了各国选择发展道路的多样性，各国选择发展道路的多样性又决定了现代化理论的多样性。在马克思主义基本原理同中国具体实际相结合、同中华优秀传统文化相结合的过程中，中国式现代化的成功推进和拓展，为形成和发展中国式现代化理论提供了良田沃土。中国式现代化理论坚持以人民为中心的发展思想，坚持人民主体地位，尊重人民首创精神，推动发展为了人民、发展依靠人民、发展成果由人民共享；推动物质文明、政治文明、精神文明、社会文明、生态文明协调发展，满足人民对美好生活的多方面需要，促进人的全面发展和社会全面进步；传承中华优秀传统文化以和为贵、协和万邦的文化基因，弘扬和平、发展、公平、正义、民主、自由的全人类共同价值，推动构建人类命运共同体，实现了对西方以资本为中心的现代化理论的全面超越。

中国式现代化是新型工业化、信息化、城镇化、农业现代化叠加发展的现代化，对创新现代化发展进程具有重要启示意义。习近平总书记指出："我国现代化同西方发达国家有很大不同。西方发达国家是一个'串联式'的发展过程，工业化、城镇化、农业现代化、信息化顺序发展，发展到目前水平用了二百多年时间。我们要后来居上，把'失去的二百年'找回来，决定了我国发展必然是一个'并联式'的过程，工业化、信息化、城镇化、农业现代化是叠加发展的。"中国式现代化充分发挥我国制度优势，推动新型工业化、信息化、城镇化、农业现代化同步发展，同时积极防范和化解快速发展进程中遇到的风险与挑战，仅用几十年时间就走完发达国家几百年走过的工业化历程，创造了经济快速发展和社会长期稳定两大奇迹，为后发国家提供了可资借鉴的新经验。

中国式现代化正确处理增长和分配关系，对形成现代化发展持久动力具有重要启示意义。长久以来，贫富差距过大是阻碍各国现代化发展的重要因素，如何在发展中缩小贫富差距是一个世界性难题。共同富裕是社会主义的本质要求。中国式现代化扎实推动共同富裕，首先通过全国人民共同奋斗把“蛋糕”做大做好，然后通过合理的制度安排把“蛋糕”切好分好，使发展具有强劲的内驱力。对于后发国家发展中面临的人口压力、城乡区域发展失衡、生态环境等问题，中国式现代化也从理论和实践相结合上作出科学回答。

中国式现代化坚持合作共赢，对推动建设新型国际关系具有重要启示意义。我们党在领导探索中国式现代化道路的历史进程中，不仅致力于实现中国自身发展，而且注重加强与世界各国合作共赢，为世界和平发展贡献了中国智慧和中国方案。中国践行共商共建共享的全球治理观，积极推动构建人类命运共同体，推动全球治理体系朝着更加公正合理的方向前进。扎实推进高质量共建“一带一路”，在平等参与、包容普惠中创造发展新机遇，谋求发展新动力，拓展发展新空间。坚持真正的多边主义，尊重不同民族的文化差异和不同国家的发展选择，推动文明交流互鉴与对话协商，倡导通过和平方式解决国际和地区争端问题，始终做世界和平的建设者、全球发展的贡献者、国际秩序的维护者、公共产品的提供者。

中国式现代化成功开创人类文明新形态，对正确处理传统文明与现代文明的关系具有重要启示意义。中国式现代化以全新视角扩展了人们对文明形态的认知，向世界展现了人类文明发展的崭新模式与选择。中国式现代化坚持以马克思主义为指导，用马克思主义真理的力量激活了中华民族历经几千年创造的伟大文明，实现了中华优秀传统文化与现代文明的有机结合，为世界提供了认识传统文明和现代文明关系的全新思路。中国式现代化道路开创的人类文明新形态，源于中国共产党领导人民进行的创造性实践，使人民真正成为新文明形态的创造者和共享者，极大拓展了人类文明发展的广度和深度。

中国式现代化道路彻底打破“现代化就是西方化”的迷思，从理论和实践上为发展中国家走向现代化提供了新视角、新路径和新范例，展现了人类社会未来发展的新图景。

（作者单位：华中科技大学马克思主义学院）

# 03 加强古籍研究 坚定文化自信

习近平总书记强调："深入挖掘古籍蕴含的哲学思想、人文精神、价值理念、道德规范，推动中华优秀传统文化创造性转化、创新性发展。"古籍是中华优秀传统文化的重要载体，加强古籍研究可以为我们认识世界、改造世界提供有益启迪，可以为党治国理政提供有益启示。我们要深入挖掘古籍蕴含的哲学思想、人文精神、价值理念、道德规范，并结合时代特点和实践要求加以改造、补充、拓展、完善，激活其生命力，增强其影响力和感召力。

——编　者

《人民日报》（2022年09月19日　第09版）

# 丰富世界哲学思想宝库

舒大刚

习近平总书记指出："要运用现代科技手段加强古籍典藏的保护修复和综合利用，深入挖掘古籍蕴含的哲学思想、人文精神、价值理念、道德规范，推动中华优秀传统文化创造性转化、创新性发展。"古籍是中华优秀传统文化的重要载体，所蕴含的哲学思想凝结着古人的智慧，可以为今天的人们认识和改造世界提供有益启迪，值得深入挖掘、认真汲取。

我国浩如烟海的古籍按大类可以分为经、史、子、集四部，体现了古人在不同领域的学术思考和哲学思想。经部中，现存传世古籍以儒家经典《六经》影响最大。从哲学思想角度看，"《书》以道事"，蕴含丰富的历史哲学思想；"《春秋》以道名分"，蕴含丰富的政治哲学思想；"《易》以道阴阳"，蕴含丰富的宇宙哲学思想；等等。具体来看，以《周易》为代表的"三易"中系统的"阴阳"观念、"穷变通久""中正、中和、时中""简易、变易、不易"等朴素辩证思想，以及《尚书·洪范》“五行”揭示了事物相生相克的普遍联系、推衍生灭的唯物观念。子部中，《道德经》以“道”为万物本体，以“德”为万物生成模式，《庄子》以“相对”主义、“无为而无不为”为运动方式，共同构建起“尊道贵德”“自然无为”的哲学体系，一定程度上展现了那个时代关于事物变化、转化的最高认识水平。史部地理类《山海经》等书，也为我们保存了“德义仁礼信”的宇宙观和价值观。集部汇集了许多哲学思想的文学表达。

古圣先贤重视系统性地总结自身或一个时代的哲学思想。比如，《论语》中“志于道，据于德，依于仁，游于艺”的构想，《孟子》中“四端”“五行”及“尽心知性”“知性知天”的阐述，《中庸》“天命之谓性，率性之谓道，修道之谓教”和《大戴礼记·本命》“分于道谓之命，形于一谓之性”的定义，《吕氏春秋·不二》中“老聃贵柔，孔子贵仁，墨翟贵廉，关尹贵清，子列子贵虚，陈骈贵齐，阳生贵己，孙膑贵势，王廖贵先，兒良贵后”及《尸子·广泽》中“墨子贵兼，孔子贵公，皇子贵衷，田子贵均，列子贵虚，料子贵别囿”的系统总结，西汉王褒、严君平、扬雄“道德仁义礼”的体系构建，都为我们研究古代哲学思想提供了丰富的材料。

可见，中华民族在创造灿烂文明的进程中，为人类文明发展贡献了丰富系统的哲学思想。但是，自19世纪末20世纪初以来，一些中外学者习惯于运用西方哲学史范式来书写“中国哲学史”，大量关于中国哲学史的著作成为西方哲学框架下的中国哲学史叙述。当前，深入挖掘古籍蕴含的哲学思想，要有构建中国特色中国哲学史话语体系的意识。这既是我们书写中国本位“中国哲学史”的必然要求，也是增强文化自觉、坚定文化自信的内在需要。

构建中国特色中国哲学史话语体系，可以利用典籍中的诸子学说、百家理论，展示中国古圣先贤在认识世界、改造世界时的心路历程、思想火花和哲学思维。一是积极利用古圣先贤创造的中国古代哲学的标志性成果进行再思考。比如，中国古代以“三易”阴阳为代表的卜筮教化和以《易传》为代表的三才合一的实践学说，以《道德经》《庄子》抽象的“道”为代表的形而上学，以《论语》《大学》《中庸》《孟子》《荀子》为代表的“人本”“民本”和“性本”哲学，等等。二是针对中国哲学史书写存在的西化问题，有的放矢地构建起中国本位的反映古圣先贤揭示事物本质、发展规律、运行模式和守中原理的学术范畴和话语。可以利用“三易”揭示的“阴阳”观念，《洪范》揭示的“五行”学说，《易传》和“蜀学”揭示的“三才”思想，孔子等倡导的“中庸”理论，儒家经典确立的“尊师重教”“学以致道”“教学为先”“格物致知”等认知途径。三是对于道德哲学这一中国古代哲学思想中的重要内容，可以利用儒、道等诸子思想资料，构建“道为之元，德为之始”“仁义礼乐”为用、“孝悌忠信礼义廉耻”为行的道德哲学和情感哲学；利用儒墨名法对道德伦理、人文情怀、社会关系和日用常行的各种论述，梳理归纳“孝悌忠恕勤、温良恭俭让、恭宽信敏惠、仁义礼智信、天道命性情”等实践伦理。

从前，孔子利用“旧法世传之史”整理成《六经》，后世儒者通过“游文于《六经》之中，留意于仁义之际”等方式，创造性地构建起庞大的儒家学派和系统的儒学理论。今天我们也应该沉潜丰富古籍、立足百家学术，用中国的学术话语、理论框架和思维模式，在更宽广的视野中还原出我国本来的哲学史，构建中国特色中国哲学史话语体系，进而丰富世界哲学思想宝库，为人类文明进步作出新贡献。

（作者为四川大学古籍整理研究所所长）

# 做好人文精神的总结和升华

冯胜君

我国古籍历史悠久、卷帙浩繁，承载着中华优秀传统文化，凝聚着古圣先贤的深邃智慧。在内容丰富的中华优秀传统文化中，人文精神是重要方面。习近平总书记指出：“中华文化历来强调对人的尊重和关怀，孔子的‘古之为政，爱人为大’，孟子的‘为天下得人者谓之仁’，荀子的人‘最为天下贵’，墨子的‘兼相爱’，都强调人的自身价值。”古人云：“万物之中，以人为贵。”新时代，坚持以人民为中心的发展思想，坚持发展为了人民、发展依靠人民、发展成果由人民共享，要求我们结合新的时代条件传承和弘扬好人文精神。我们要善于从古籍入手，做好人文精神的归纳总结、提炼升华，为推动人的全面发展提供精神动力。

“人文”一词，最早见于《周易》，本义是指对人进行礼乐教化。西周时期，对人的教化、人自身的修养开始受到重视。后来，孔子称赞周王朝“郁郁乎文哉”，指的就是文明教化成果斐然。春秋时期，人文精神中“以人为本”的思想得到强化。《左传》中记载了郑国执政子产的一个故事，大意是说因为天上出现异常天象，多个国家同时发生火灾，有人主张用珍贵玉器来祭祀，被子产拒绝。因为子产认为：“天道远，人道迩。”意思是天上的事情缥缈遥远，人间的事情切近相关，怎么能用“天道”来影响和决定“人道”呢？人的主体性，就这样逐步确立起来，人文精神的内涵也随之越来越丰富。

在个人对自身方面，人文精神强调修身。我们常说的“修身、齐家、治国、平天下”，这句话来源于《大学》。古人把“修身”作为教化的起点，包含着作为独立个体的人的人格和尊严首先要得到承认和尊重的思想。同时，人文精神还要求在修身时把天性和修养结合在一起。《论语·雍也》中说：“质胜文则野，文胜质则史，文质彬彬，然后君子。”意思是说，人如果天性胜过修养就显得粗野，如果反过来就会显得浮夸，只有把天性和修养有机结合在一起，才能称得上是君子，才是真正的修身。修身要求个人高度自律、践行诺言。《论语》中说子路“无宿诺”，意思是子路践行诺言毫不迟疑，答应的事情就会立刻去办。《新序》中记载的“季札挂剑”故事，也是古人“重然诺”、严于修身的千古佳话。

在个人对他人方面，人文精神要求包容。古人认为品行宽厚的君子，对于他人有一颗包容之心。《论语》记载，在孔子周游列国时，子路有一次没能跟上队伍，问种地的老农：“子见夫子乎？”老农毫不客气地说：“四体不勤，五谷不分。孰为夫子?”孔子听说后不以为忤，反而称赞老农是“隐者”。还有一个子产不毁乡校的故事。郑国百姓很喜欢在乡校聚集，议论时政。有人劝子产，干脆把乡校拆了吧。子产说，为什么要这么做呢？百姓是我的老师啊，我为何要去拆毁乡校呢！对此，唐朝的韩愈很受触动，写下《子产不毁乡校颂》来称赞此事。在人文精神中，既强调个人作为人的主体性，也尊重他人作为人的主体性，所以人文精神也要求彼此尊重个性差异，互相理解和包容，在此基础上和而不同、和睦相处，才能构建起和谐的人际关系和社会关系。

在个人对人类方面，人文精神提倡大爱。《周易》中有句名言——地势坤，君子以厚德载物。意思是说，君子要像大地一样，德行宽广深厚，化育万物，因此对待他人，要有一种温情的爱意。孔子认为，君子的核心品行是“仁”，而“仁”的本质就是“爱人”。不仅要爱自己的亲人，还应该爱天下之人，这就是孟子说的：“老吾老，以及人之老；幼吾幼，以及人之幼。”这种对于全人类的大爱，是中华民族的优秀品德，也是中华民族对人类文明的重要贡献。中国古人追求的社会发展的理想状态是《礼记》提到的“天下大同”，“天下大同”的前提是“天下为公”。放在今天可以理解为，在发展、安全、气候等关系人类共同命运的大事上，国与国之间应该携手合作、同舟共济。

（作者为吉林大学古籍研究所所长）

# 为培育和弘扬社会主义核心价值观提供滋养

杜泽逊

核心价值观是一个民族赖以维系的精神纽带，是一个国家共同的思想道德基础。习近平总书记指出："培育和弘扬社会主义核心价值观必须立足中华优秀传统文化。"我国许多古籍蕴含着做人做事和治国理政的深刻道理，是传播价值理念的重要媒介。我们要深入挖掘古籍中传承下来的价值理念，坚持有鉴别地加以对待、有扬弃地予以继承，增强文化自信和价值观自信，使中华优秀传统文化成为涵养社会主义核心价值观的重要源泉，为新时代坚持和发展中国特色社会主义提供精神支撑。

深入挖掘古籍中关于做人的价值理念。中华民族自古重视如何做人的教育，以文化人、以文育人等价值理念代代相传，蕴藏在众多古籍中，植根于中国人的精神中，体现在中国人的行为上。一是勤学多闻。古籍中提倡勤学多闻的篇段数不胜数，比如《中庸》中的"人一能之，己百之；人十能之，己千之。果能此道矣，虽愚必明，虽柔必强"，《礼记》中的"独学而无友，则孤陋而寡闻”，《论语》中的“友直，友谅，友多闻，益矣”，等等。二是谦虚为尚。《尚书》说：“满招损，谦受益。”无论是学习，还是做事，都不能自满。毛泽东同志所言“虚心使人进步，骄傲使人落后”就是“满招损，谦受益”的现代表达。三是刚健为美。《周易》说：“天行健，君子以自强不息。”日出日落，春去秋来，自然的运行是非常刚健、永不停息的，优秀的人也应培养自强不息精神。四是富贵以义。《论语》说：“不义而富且贵，于我如浮云。”孔子认为获取财富、官位等，要通过正当的途径，比如靠自己的真才实学，而不能用投机取巧等不讲道义的伎俩。

深入挖掘古籍中关于行事的价值理念。中华民族的行事之道和处世哲学，是在长期历史发展中形成的。古籍中记录着大量古人关于人与人、人与社会等问题的思考，对于规范当代中国人的行为方式仍然具有重要启发意义。一是顾全大局之道。《左传》说：“皮之不存，毛将焉附。”人世间的依存关系很多，爱护家庭、爱护社会、爱护国家，就是顾全大局。《左传》还说：“居安思危，思则有备，有备无患。”在风调雨顺之年，预防可能发生的灾害，也是一种顾全大局。二是讲信修睦之道。《礼记》说：“选贤与能，讲信修睦。”《论语》说：“与朋友交，言而有信。”人与人之间、国与国之间，讲究信用、谋求和睦是中华民族历来恪守的价值理念。三是善始善终之道。《诗经》警示：“靡不有初，鲜克有终。”凡事要有良好的开头，也要追求圆满的结局，无不以“善始善终”作为行事的正面价值判断。四是人和至上之道。《孟子》说："天时不如地利，地利不如人和。"天时、地利、人和都关系到行事成败，但"人和"是排在第一位的，意味着内部团结、上下一心是行事、成事最重要的因素。

深入挖掘古籍中关于爱国的价值理念。习近平总书记指出："爱国主义是我们民族精神的核心，是中国人民和中华民族同心同德、自强不息的精神纽带。"翻看儒家典籍不难发现，儒家所推崇的价值理念不仅包含"修身""齐家"等个人层面和社会层面的要求，更蕴含着"治国""平天下"等国家层面的要求。一方面，倡导"国家至上"观念。《大学》说："欲治其国者，先齐其家；欲齐其家者，先修其身。"修身、齐家、治国、平天下，既强调把个人人生同国家命运紧密联系起来，又将"治国"视为崇高事业。《尚书》说："克明俊德，以亲九族。九族既睦，平章百姓。百姓昭明，协和万邦。"这句话可以理解为，只有把家庭关系协调好、让百官各负其责，国家才能团结兴旺，才有可能达到"协和万邦"的理想治理状态。另一方面，推崇"天下为公"理念。爱国，就会希望自己的国家变得更好，古人对理想社会有自己的设想。《礼记》说："大道之行也，天下为公。"在这样的社会里，"人不独亲其亲，不独子其子""老有所终，壮有所用，幼有所长，矜寡孤独废疾者，皆有所养"。这一理念与马克思、恩格斯设想的共产主义社会具有内在的契合性，值得我们深入挖掘研究。

（作者为山东大学文学院院长）

# 深入挖掘古籍蕴含的道德规范

周　群

中华民族是世界上古老而伟大的民族，创造了绵延5000多年的灿烂文明。在长期实践中，中华民族培育和形成了独特的道德规范，如自强不息、敬业乐群、扶正扬善、扶危济困、见义勇为、孝老爱亲等。习近平总书记指出：“中华优秀传统文化中很多思想理念和道德规范，不论过去还是现在，都有其永不褪色的价值。”中国古代大量鸿篇巨制记载了古人丰富的道德理念、道德规范和懿德美行，是中华民族不断发展的重要精神动力，值得我们深入挖掘、大力阐扬，推动全社会积善成德、明德惟馨，为实现中华民族伟大复兴的中国梦凝聚强大精神力量、提供坚强道德支撑。

准确把握历史渊源。道德是人类社会特有的现象。马克思主义认为，道德是人类脱离动物界并组成社会以后，从人类社会物质生活条件中发生并在长期的社会实践中逐步形成的。氏族是我们目前所能追溯到的人类道德起源最早的社会组织。中国古史传说，早在夏王朝诞生之前，在氏族社会阶段，舜让契做司徒“敬敷五教”，即对百姓进行五种道德规范教育，并起用德才兼备的“八元”和秉性善良的“八恺”为官。《尚书》中夏王朝诞生后关于道德规范的记载就更多了，《禹贡》中有“祗台德先”，《汤誓》中有“夏德若兹”，《盘庚上》中有“不敢动用非德”，等等。这些记载都表明，在进入阶级社会前后，中国古人已开始注意并自觉利用道德来影响和调节社会生活。西周建立后，统治者从“专恃天命”的殷鉴中吸取教训，提出“以德配天”“敬德保民”和“明德慎罚”的思想。周初制礼作乐，主要就是出于确定道德规范和社会秩序的目的。到了春秋战国时期，中国古人的道德思想进一步发展，孔子提出以“仁”为核心的道德观，为我国封建社会居于主导地位的道德规范奠定了最初的理论和思想基础。

深入挖掘丰富内涵。中国传统意义上的“道德”涉及公私义利、教化德治、待人交友、人生处己等方方面面，涵盖对国家、对社会、对人生的责任、担当和追求。在国家层面，一方面，先哲们高度重视教化德治，把道德视为国家的根本，主张“为政以德”，如《尚书·大禹谟》提到的“德惟善政，政在养民”，《论语·为政》提出的“道之以政，齐之以刑，民免而无耻；道之以德，齐之以礼，有耻且格”，等等；另一方面，先哲们追求的是国家利益、整体利益优先，强调要处理好整体利益与个人利益、行为之道义与功利的关系，如《左传·襄公二十四年》提到的“大上有立德，其次有立功，其次有立言。虽久不废，此之谓不朽”，范仲淹的名言“先天下之忧而忧，后天下之乐而乐”，等等。在社会层面，先哲们强调要树立正确的义利观，如《荀子·荣辱》提到的“先义而后利者荣，先利而后义者辱”，韩愈说的“利居众后，责在人先”，等等；同时，先哲们还高度重视建立正确的待人接物方面的道德规矩，如《礼记·坊记》中的“君子贵人而贱己，先人而后己”，朱熹说的“以己之心，度人之心”，等等。在人生层面，先哲们强调要修身养德，对生死、力命、荣辱、忧乐和穷通等问题有卓然通达的态度，如《论语·卫灵公》提到的“志士仁人，无求生以害仁，有杀身以成仁”，《孟子·滕文公下》中的名句“富贵不能淫，贫贱不能移，威武不能屈，此之谓大丈夫”，陆九渊提出的“君子遇穷困，则德益进，道益通”，等等。

充分利用思想资料。当前，要深入挖掘古籍蕴含的道德规范。一方面，需要拓宽史料来源，比如，考古发现为我们提供了长期湮没无闻的珍贵古文献，值得高度重视。北大汉简《周驯》记录了周昭文公训诫共太子，通过所讲古代圣贤历史故事的道德含义，来阐述“尊贤”“爱士”“听谏”“爱民”等治国之道。这样的考古发现，能够进一步拓宽中国传统道德研究的史料来源。又如，少数民族古代文献中也有不少关于道德规范的优秀思想，值得进一步深入发掘。藏族《格萨尔王传》中的“坐在家中活百岁，不如为国争光彩”，傣族《布算兰》中的“助人为乐，人家才爱”，等等，都是可以利用的思想资料。另一方面，对从古籍中挖掘出来的道德规范，要结合时代要求进行创新转化，以人们喜闻乐见的方式宣传出去、传播开来，让蕴含在古籍中的中华优秀传统道德规范焕发出新的时代光彩。

（作者为中国社会科学院大学教授）

# 04 不断深化中华文明起源研究

近40年来，包括“中华文明探源工程”在内的一系列重要考古工作，在揭示中华文明起源、形成、发展的历史脉络上取得了一系列重要研究成果。习近平总书记指出：“加强多学科联合攻关，推动中华文明探源工程取得更多成果。”要形成比较完整的中国古代文明理论，还需要付出长期艰苦的努力。

——编　者

《人民日报》（2022年08月08日　第11版）

# 中华文明起源与早期发展的总体进程

赵　辉

中华文明起源，不仅是我国学者潜心研究的重大课题，也是国际学术界持续关注的研究课题。习近平总书记指出：“经过几代学者接续努力，中华文明探源工程等重大工程的研究成果，实证了我国百万年的人类史、一万年的文化史、五千多年的文明史。”中华文明起源于尚无文字记载的古史传说时代，对其进行追溯探讨需要依靠考古学的研究和发现。自我国现代考古学诞生以来，重要考古发现层出不穷。20世纪80年代，我国各地在新石器时代考古方面有了一系列重大发现。基于这些重大发现，学术界认为，探求中华文明的形成，应当着重研究二里头文化之前的新石器时代。在考古学家夏鼐先生和苏秉琦先生倡导下，中华文明起源与早期发展的研究任务被正式提了出来。近40年来，包括“中华文明探源工程”在内的一系列重要考古工作深入推进，对中华文明起源与早期发展的总体进程有了比较清楚的认识。

## ◆ 中心聚落开始出现，社会的复杂化全面展开

农业考古发现和研究表明，史前农业自1万多年前萌芽以来，经过漫长发展，至晚在距今6000多年时有了长足进步。综合栽培作物的驯化，包括耕作、耘田、收割和谷物加工的全套农具，南方水田田亩整治和给排水构造，以及家畜饲养等多方面情况看，当时的农业已经形成一整套生产体系，成为长江、黄河以及西辽河地区人类最主要的经济活动。农业的发展提供了比较稳定的食物，为人口增殖、社群规模扩大和向复杂化发展奠定了基础。

从大约5700年前开始，许多地方的村落群中出现了中心聚落。例如，陕西省华县泉护村、安徽省含山县凌家滩、江苏省张家港市东山村、湖南省澧县城头山等遗址，它们的面积达几十万甚至上百万平方米，远大于周围几万平方米的普通村落，其内部制陶、石器制造等手工业水平和分工程度也明显高于普通村落。此外，还可从墓葬大小和随葬品质量、数量相差悬殊等情况，看出社会成员财富、地位的明确分层，这表明社会的复杂化在聚落之间和中心聚落内部全面展开了。

中心聚落的出现是划时代的新事物，把那些差别不大的普通村落逐渐整合成一个更大的整体。作为一个整体，它和相邻部落建立起种种关系。于是，在聚落群内部和聚落群之间开始出现前所未有的政治联系。从学术研究上看，这种以一座大型

聚落为中心、聚集多座普通村落的社会结构，与先秦文献记载的五帝时代的“邦”“国”类似，兹称之为古国。从大约5700年前以来，古国这种社会组织结构成为各地比较普遍的存在，史前中国从此进入了“天下万国”的古国时代。

### ◆ 良渚文化率先进入文明阶段，开启了史前文明浪潮

大约距今5000年，此前阶段发生在聚落群内部的整合行为，在一些地区扩大到聚落群之间乃至整个文化区域，并取得了相当的成功。一些地方率先步入文明阶段，典型代表是分布在江浙地区的良渚文化。

近年来的田野考古揭示了良渚文化的基本面貌：由高墙环绕的规模巨大的良渚古城和古城外围宏大的水利工程反映良渚人掌握了较高的科学技术，更意味着存在一个可以有效组织和运用庞大社会资源的强制性公共权力，并且有迹象表明这种强制性权力甚至可以褫夺他人性命。古城内部存在高规格宫殿建筑。良渚社会有着复杂的行业分工和级差明显的社会阶层，城市居民除了贵族之外，也有制作玉器、漆木器等的手工业者，其按照职能、行业等组成的居民结构迥然不同于依照血缘关系形成的农业村落。古城并无从事农业生产的迹象，城内发现了大规模粮食仓储，据此推算古城直接垄断了大约2000平方公里范围内的农业剩余和其他资源，从而可知城乡之间存在着明确和紧密的辖制关系。可以说，良渚古城是整个良渚文化范围内

最高等级的政治中心、宗教中心和手工制造业中心。

这些情况表明，良渚文化是个高度复杂化的社会，中华大地上波澜壮阔、此起彼伏的史前文明浪潮就此开启。大体而言，与良渚文化同时或稍晚，长江中游地区的屈家岭—石家河文化早期和西辽河流域的红山文化，其社会都呈现出向原始国家形态迅速发展的态势。

## ◆ 二里头文化诞生发展，中华文明进入王朝时代

距今约4300至3800年，在考古学上是新石器时代末期，也叫龙山时代。这期间的突出变化首先表现在文明分布的大格局上。良渚文化、红山文化和石家河文化这些步入文明阶段的先行者先后衰落了，而黄河流域诸文化迅速提高了文明化速度，成都平原也初现文明曙光，其中尤以陕西省神木市石峁、陕西省延安市芦山峁、山西省襄汾县陶寺、四川省成都市新津区宝墩等几座规模巨大的古城令人瞩目。另一个突出变化是在社会文明化的内容上。一方面，从中原到陕北，考古发掘出的暴力和战争相关资料明显增多，社会处在剧烈动荡之中。另一方面，源自中亚的麦类作物及其栽培技术，黄牛、绵羊、山羊等家畜及青铜冶炼技术于这一时期传入中国，先到达西北地区，再传至中原，这些新的生产要素为社会复杂化进程注入新的动力。例如，陕北的石峁文化迅速崛起的一个重要原因，很可能是引进了羊这种既不与人争食又能在黄土高原上不利于农耕的深沟大壑中饲养的家畜，从而提供了更多的优质食物资源。

这一时段的晚期，中原的龙山文化在剧烈动荡中完成了一系列重组整合，并在广泛吸收周围文明先进因素的基础上，在距今3800年左右诞生了一个新的文化，即以河南省洛阳市偃师区二里头遗址命名的二里头文化。二里头文化分布在豫西晋南地区，与文献中夏人活动地域吻合，年代落在史传夏纪年范围内。就规模和复杂程度来看，二里头遗址无疑是二里头文化的都城。越来越多的考古发现还证实，二里头的一些具有自身特征的物品，如牙璋、玉刀、绿松石镶嵌青铜牌饰、陶封口盉等对外有广泛传播。这些物品并非普通生活用器，而是礼制用器。因此，它们的传播实为中原社会的政治礼仪、制度、思想的播散。二里头文化立足中原又辐射四方，不仅再一次改变了中华文明的进程和格局，还开启了以中原地区为主导、整合其他地方文明的政治和历史进程，中华文明遂进入王朝时代。

### ◆ 不断深化研究，努力形成比较完整的中国古代文明理论

研究发现，良渚、陶寺、石峁等具备原始国家形态的文化，主要有四个特征：一是农业、科学技术显著发展，出现了复杂的社会分工；二是阶级分化，表现为出现了贵族专有的宫殿区和墓地，同时高等级手工业制品的生产和分配为贵族所控制，社会等级制度已经形成；三是出现了作为政治、经济和文化中心的城市；四是社会存在着具有强制性的公共权力即王权，以及由其建立和掌控的区域性政体。这是基于中国历史考古资料总结出来的文明标准，也是对长期缺少中国历史内容的

人类早期文明理论的重要补充。这几条标准没有强调国外主要是在西亚、埃及文明资料基础上总结出来的冶金术和文字这两项内容，表明中国史前文明既有人类历史发展普遍性的一面，也有自身特殊性的一面。总体而言，经过近40年的探索，学术界在揭示中华文明起源与早期发展的总体进程、阶段性发展、各阶段的主要内容、最早的国家特征等问题上取得一系列重要研究成果。但要看到，这些成果中，描述性内容多于理论的总结和升华，要形成比较完整的中国古代文明理论，还需要付出长期艰苦的努力。

与此同时，学术界越发意识到中华文明起源与早期发展问题的复杂性。中华文明起源与早期发展不仅是一个长达近2000年的历史过程，而且是一个分布在黄河、长江全域以及钱塘江、淮河、西辽河流域等广袤大地上的诸多地方文明构成的巨大丛体，体量为同时期世界古代文明之最，学术界早就形象地称之为史前文化的“多元一体”。同时，这个丛体内部的各地方社会也分别有自己的文明化演进方式和特点。近年来，分别就这些地方文明的演进过程、原因机制、方式道路等开展研究，正成为新的学术热点。这有利于进一步了解它们怎样在彼此的取长补短、交流互鉴、融会贯通中逐步扩大发展一体化趋势，凝聚形成中华文明的特色特点，最终形成中华文明延绵不绝和统一多民族国家的历史结果。

（作者为北京大学考古文博学院教授）

# 深入研究中国早期文明的发展特征

沈长云

在5000多年漫长文明发展史中，中国人民创造了璀璨夺目的中华文明。习近平总书记在主持十九届中央政治局第三十九次集体学习时指出："拓宽研究时空范围和覆盖领域，进一步回答好中华文明起源、形成、发展的基本图景、内在机制以及各区域文明演进路径等重大问题。"最新的考古发现和学术研究不断拓展我们对中华文明起源、形成、发展历史脉络的认知。同时，关于不同时期的文明发展历程还有许多谜题等待破解，尤其是中国早期文明的发展特征还有待深入研究。

从公元前3000年到公元前2000年左右，一般被称为中国早期文明阶段。这个时间阶段大致与五帝时代相当，司马迁所著《史记》就是从这个时期写起的。按照马克思主义关于"国家是文明社会的概括"的观点，这个时期正处于我国早期国家的形成阶段。国家形成发展的路径及其性质，反映了中国早期文明发展的特质和基本社会形态的特征。深入研究这个时期文明的发展特征，不仅对中华文明起源、形成、发展历史脉络研究具有重大意义，对我国古代文明理论研究也具有重大意义。

在新石器时代距今5000年前后，我国黄、淮、江、汉等广大地区逐渐形成可以按地区划分的几个文化类型，包括黄河上游的马家窑文化、黄河中下游的中原龙山文化、海岱地区的大汶口文化、北方地区的老虎山文化和小珠山文化、西南地区的宝墩文化、长江中游的屈家岭—石家河文化、长江下游的良渚文化以及华南各地方文化，等等。尽管这些文化各有渊源、各具特色，但它们之间也存在着广泛联系，并且由于相互影响，各地方文化或多或少存在着共同特征。这种多元一体演进格局，无疑为以后夏商周三代广域国家的构建提供了基础。其中，中原文化因其区位优势，较其他几个文化对四周具有较强吸引力，因而有学者把这一阶段文明的特征形容为“重瓣花朵式”格局，中原文化是整朵花瓣的“花心”。从夏商周三代均定都中原的史实来看，这种说法具有一定合理性。

作为中国早期文明阶段，这个时期呈现出“众邦林立”的格局。所谓“邦”，是在氏族部落基础上发展起来的一种不平等的氏族组织。研究表明，国家是从氏族社会发展来的。这个时期，随着“众邦”的出现、发展、相互联系，国家逐渐形成。夏朝就产生于中国早期文明阶段的后期，地点在黄河中下游地区，也就是古人所称的“河济之间”。根据文献记载，大禹领导民众开挖沟洫，疏浚古河济一带的河道，治理好因地势低洼造成的水涝灾害。正是治水的功绩让大禹获得河济一带民众的拥戴，居住在此地的“众邦”也被纳入夏朝的统治范围。这些历史均可与相关考古发掘及具体地理环境相印证。这个时期相较古代希腊迈锡尼文明早了数百年，却呈现出两种完全不同的社会形态：古代希腊迈锡尼各城邦都已进入奴隶制时期，强迫奴隶从事农业、手工业和宫廷非生产性劳动；而在中国早期文明阶段，文献中少有关于使用奴隶的记载，战争亦非为掠夺奴隶而发动，农业劳动更是由普通民众承担。

此外，我们还可以从中国早期文明阶段取得的一些比较耀眼的物质文明与精神文明成就上切入研究。比如，古人把五帝时期的一些发明创造归于黄帝名下，如称“黄帝见百物，始穿井”“黄帝乐曰咸池”“黄帝造火食旃冕”等。黄帝麾下的大臣也有许多重要的发明创造，如羲和作占日，伶伦作律吕，大桡作甲子，容成作调历，沮诵、仓颉作书契，还有黄帝的夫人嫘祖发明了养蚕，等等。这些发明创造绝大多数是有迹可循的，它们对于中华文明发展进步的重要性值得继续深入研究。

（作者为河北师范大学历史文化学院教授）

# 从比较视角深化古代文明研究

刘　健

习近平总书记指出："中华文明源远流长、博大精深，是中华民族独特的精神标识，是当代中国文化的根基，是维系全世界华人的精神纽带，也是中国文化创新的宝藏。"中华文明起源时间早、延续时间长、影响范围广，在人类文明史上占有独特而重要的地位。一系列重大考古发现和多学科综合研究，实证了中华5000多年文明史，揭示了中华文明的丰富内涵，为我们坚定文化自信提供了精神源泉。如何认识中华文明在世界文明发展进程中的地位和作用？如何深刻阐释中华文明的广泛影响力？如何向世界讲好中华文明的故事？对于这些问题，可以从比较研究的视角进行探究和解答。

比较研究的视角古已有之。中国历代史家都重视记载外来信息，并且随着中国对外交往范围不断扩大，对于外来信息的描述越来越精确，也越来越丰富，文明比较研究逐渐展开。在西方史学传统中，比较视角也广泛体现在各种各样的文献记录、史学著作中。历史上，各种文明不断交流、互鉴和融合，留下了丰富的文字、图像记录，体现在世界各地的考古遗址和遗存中。

在中国史学界，当世界史正式成为史学门类的一个学科时，中国史与世界史的学者就已经在不同领域开展了文明交流互鉴研究。比如，史学界在20世纪50年代“五朵金花”讨论中，就有比较研究视角的切入，也有学者在文明比较的框架下创立“中西古典学”，深刻思考中外文明的交流互鉴。近年来，中国古史研究者也注重中国与其他古代文明和国家发展进程的比较研究，如对东西方器物和技术的交流研究等，这类研究在资料选择、议题视角、研究方法等各个方面极大拓展了文明比较研究的广度和深度。同时要看到，当前古代文明研究还存在一些问题。比如，资料来源学术性不足，综合性研究著作中的资料和证据大多为二手资料、三手资料，有些论据来自学术普及读物。再如，术语翻译来源不准确，直接导致术语使用不当，等等。这些问题需要注意加以解决。

习近平总书记指出，要同步做好我国“古代文明理论”和中华文明探源工程研究成果的宣传、推广、转化工作。我们要贯彻落实习近平总书记重要讲话精神，深入开展古代文明比较研究。一方面，要注意比较对象的对等性。中国史前时期的比较对象应该是世界各主要文明区域的史前时代，不一定拘泥于年代的绝对一致，但是发展阶段应当大致相当，如希腊古典时代与中国春秋战国时期社会演进形态的比较。另一方面，要明确研究对象的范畴。比如，研究对象要包括世界主要古代文明，如古代埃及、古代两河流域、古代印度等早期文明起源区域的原生文明，也包括古代希腊、古代罗马等对世界文明发展进程产生重要影响的次生文明，以及古代非洲、古代美洲等独具特色的区域性文明，还应包括受核心文明影响的周边区域次生文明，如古代西亚文明圈、古代希腊罗马文明圈、中华文明圈等。通过不同类型、不同层次的比较研究，明确文明发展的基本内容和脉络，探寻人类文明发展的基本规律。此外，还要注重突出重点。比如，应侧重对文明的起源、结构、模式、发展和变迁等进行全方位的研究，对文明的传承、交流、互鉴与断裂进行系统的研究，对文明的制度与社会发展进行深入研究。通过深入系统的研究，探究人类文明发展的规律，明确人类文明发展的形态，深化对中华文明特质和形态的认识，为我们党领导人民进行的人类文明新形态建设提供理论支撑。

（作者为中国历史研究院世界历史研究所副所长）

# 05 深化文明交流互鉴 推动构建人类命运共同体

习近平总书记在主持十九届中央政治局第三十九次集体学习时指出，要坚持弘扬平等、互鉴、对话、包容的文明观，以宽广胸怀理解不同文明对价值内涵的认识，尊重不同国家人民对自身发展道路的探索，以文明交流超越文明隔阂，以文明互鉴超越文明冲突，以文明共存超越文明优越，弘扬中华文明蕴含的全人类共同价值，推动构建人类命运共同体。自古以来，中华文明就以开放包容闻名于世，在同其他文明的交流互鉴中不断焕发新的生命力，蕴含着丰富的全人类共同价值。

——编　者

《人民日报》（2022年07月25日　第13版）

# 中华文明具有开放包容特质

叶　朗

中华文明源远流长、博大精深，是几千年来唯一没有中断、发展至今的文明。中华文明为何能够保持生生不息的强大生命力？习近平总书记指出："中华文明自古就以开放包容闻名于世，在同其他文明的交流互鉴中不断焕发新的生命力。"分析中华文明的开放性和包容性，深入理解中华文明开放包容特质，对于我们推动中华文明创新发展，树立正确文明观、加强文明交流互鉴，以及推动构建人类命运共同体，都具有重要意义。

中华文明是在同其他文明不断交流互鉴中形成的开放体系。比如，唐朝时期在文化上展现出五彩缤纷的景象，当时的长安是人口众多的国际性大都会。宋元时期的贸易港泉州，不同文化、风俗之间相互融通共存，后来泉州出土的一些混合着多种文化因素的墓葬石刻就是证明。中华文明的这种开放性和包容性植根于中华文化的深层哲学观念，如"物一无文""和而不同""和实生物，同则不继"等哲学观念。"同"就是

“一”，也就是绝对的同一，排斥异质的文化因素和文化成分。在中国哲学看来，“同”就不可能有生命，不可能有创造，不可能有发展。“和”则是不同文化成分、因素和谐共处。“和”，要求容纳别人、谅解别人，进一步则是欣赏别人，也就是“各美其美”“美人之美”。所以“和”意味着包容，意味着开放。中国人把自己的文明理解为一个包含多种因素、可以不断生发出新的意义和创造出新的价值的复杂系统。对新的文化因素，不会抱有恐惧和敌视的态度，而是一方面接纳它们、包容它们，尊重它们的特色，另一方面把其中的一些有益成分吸收、融合进来，充实、丰富中华民族的文化。正因如此，中华文明才能在漫长的历史发展进程中始终保持自己的生机和活力。

《论语》开篇就写道：“学而时习之，不亦说乎？有朋自远方来，不亦乐乎？”从发展自我、赋予新意义而言，中国人把学习放在重要的位置上。《论语》的第一句话表明，在中国人看来，通过学习来打开视野、提升自我是美好的事。而第二句话表明，中国人乐于接待来自远方的朋友，并且相信他们身上必有值得学习、借鉴的地方。中国人通过学习他人和接待朋友来提升自己，追求的是文明的和谐共处与交流互鉴。

“天地之大德曰生。”在中华文化的传统观念中，人的生命和宇宙的创化高于一切。中华文化看重人的生活世界，关注现实人生的价值甚于精神领域的抽象理念。正因如此，对于一种外来文化是否认可，主要取决于它是否有益于民生福祉，以及它是否有益于世道人心，并不苛求其抽象理念与自己绝对相同。也就是说，中华文明对外来文化认同的着眼点在于是否有益于老百姓的福祉和社会的和谐安定。这种着眼点，正蕴含着一种文化上的开放性和包容性。不论在哪种文化中，也不论在哪个时代，人都有生老病死，都要为维持生计和繁衍后代而操劳，整个社会也都要维持一套必要的规范和秩序，都要提倡呵护后代、对人友善、敬畏自然，以及敬父母、重家庭、守法律、讲信用，等等。人类在最基础的生活层面的一致以及在最基本的伦理道德层面的相通，是不同文明之间可以沟通、交流的可靠保证。

当今世界，有些人仍持有“文明冲突论”。这种论调基于西方传统观念，着力划清自己和他人的边界，强调一种文明与另一种文明的界限和区别。这种论调认为，一种文明和一个人一样，要自我认识、自我确证，就需要树立一个与自己对立的“他者”。而中华文明的开放性与包容性，为我们观察和思考世界上不同文明之间的关系提供了超越“文明冲突论”的新的眼光和思维框架。人类文明并不是只有一种模式，也不是只有一条发展道路。不同文明之间并非只有相互冲突一种选择，而是可以“各美其美，美人之美，美美与共”。我们要尊重人类文明的多样性，坚持弘扬平等、互鉴、对话、包容的文明观，以文明交流超越文明隔阂，以文明互鉴超越文明冲突，以文明共存超越文明优越，共同建设开放包容的世界，夯实共建人类命运共同体的人文基础。

（作者为北京大学哲学社会科学资深教授）

# 弘扬中华文明蕴含的全人类共同价值

吴根友

全人类共同价值，不仅凝聚着各国人民的基本价值共识，也汲取了中华优秀传统文化的智慧结晶。习近平总书记强调，“弘扬中华文明蕴含的全人类共同价值”。中华文明在长期发展过程中形成具有自身民族特点的文化，也形成一些带有普遍性的思想和价值观念，能为解决当前人类共同面临的难题提供重要启迪。

在处理同周边不同国家和民族关系、同外来文化关系的过程中，中华文明秉持和而不同、求同存异的哲学智慧。以孔子为代表的儒家提出具有重要启示意义的伦理原则，即“己所不欲，勿施于人”“己欲立而立人，己欲达而达人”。这一原则体现在文化领域，就是采取谦虚开放的态度，与不同文明进行交流互鉴。比如，佛教产生于古代印度，传入中国后，经过长期演化，同中国儒家文化和道家文化融合发展，最终形成具有中国特色的佛教文化，而且从中国传播到了日本、韩国、东南亚等地。儒释道三家所尊崇的经典有不少是“你中有我，我中有你”的。例如，《道德经》是道教经典，又是儒家的重要思想资源，也是不少佛教名僧争相注释的文本。历史上，中国不乏多元族群与多元宗教，但无论族群如何多元，总能因命运与共而融为一体；无论宗教如何多元，总能因交流互鉴而和谐共存。中华文明是在中国大地上产生的文明，也是同其他文明不断交流互鉴而形成的文明。这为当前促进各国携手合作、维护世界持久和平提供了借鉴。

习近平主席在亚洲文明对话大会开幕式上指出，“惠民利民、安民富民是中华文明鲜明的价值导向”。中华优秀传统文化中蕴含着丰富的民本思想，早在商周之际就有“敬德保民”的民本主义观念，经过演化发展，逐步形成以儒家和道家为主要代表的两种民本思想。儒家民本思想主要表现为：提倡以孝悌为本、仁政爱民的价值取向，主张礼法并用的政治管理制度，比如“大畏民志，此谓知本”“节用而爱人，使民以时”等。道家民本思想主要表现为：主张尊重天道自然的客观法则和自然正义的思想，以及尊重民意的政治治理原则，比如“圣人无常心，以百姓心为心”等。今天，贫富差距、南北鸿沟问题是世界面临的巨大挑战，也是引发一些国家社会动荡的重要原因。各国推动经济社会发展，需要做到发展为了人民、发展依靠人民、发展成果由人民共享，而不能只是一小部分人受益、大部分人享受不到发展红利；坚持共同发展、推动合作共赢，为最不发达国家人民提供更多支持，解决好全球发展失衡问题。惠民利民、安民富民的思想，启示我们要深刻把握发展的真谛。中国提出全球发展倡议，坚持以人民为中心、坚持普惠包容等重要主张，回应了全球发展面临的突出问题，有力推动发展更好造福人民。

今天，人类面临日益严峻的生态环境危机，人与自然的关系日趋紧张。应对这一挑战，除了要进行环境治理，更应从思想上纠正关于人与自然关系的认识偏差。中华优秀传统文化中的道法自然、天人合一思想，对今天的人们仍有重要启示意义。大自然是包括人在内的一切生物的摇篮，是人类赖以生存发展的基本条件。中华文明在漫长的农业社会发展过程中，深刻意识到人类的生产生活要符合自然运行的规律，逐渐形成“天人合一”的思想理念，追求人与自然和谐共生。这一理念认为，人与自然是相互关联、相互影响的有机整体，如果自然生态遭到严重破坏，那么人类的一切发展都会失去依托，发挥主观能动性要以尊重和顺应自然规律为前提。习近平总书记指出：“人与自然是生命共同体”“共同构建地球生命共同体”。守护人类共同的自然环境，构建人与自然生命共同体，是构建人类命运共同体的基础。人类要秉持人与自然生命共同体理念，摒弃损害、破坏生态环境的发展模式，坚持走绿色发展道路，共同应对挑战、承担责任，让人类文明在可持续发展中不断进步。

（作者为武汉大学哲学学院教授）

# 以文明交流互鉴推动构建人类命运共同体

王　杰

推动构建人类命运共同体，是习近平总书记着眼人类发展和世界前途，科学回答“世界向何处去、人类怎么办”这一时代之问而提出的中国方案。习近平总书记指出：“推动构建人类命运共同体，不是以一种制度代替另一种制度，不是以一种文明代替另一种文明，而是不同社会制度、不同意识形态、不同历史文化、不同发展水平的国家在国际事务中利益共生、权利共享、责任共担，形成共建美好世界的最大公约数。”人类命运共同体理念深刻把握人类文明发展演进的基本规律，为人类文明整体进步和持久繁荣发展提供了思想动力，成为引领时代潮流和人类文明进步方向的鲜明旗帜。

人类始终在不同民族、不同文化的相遇相知中向前发展。中华文明以及世界其他文明的发展演进历史都揭示这样一个规律：人类文明的形成发展和繁荣进步离不开文明之间的交流互鉴。中华文明的形成发展过程就是这一人类文明演进规律的有力例证。在距今约6500年及稍晚的时候，中国的粟作农耕技术陆续向南传播到东南亚，水稻种植技术传播到太平洋的西南地区，农耕技术与丝织品生产技术传播到朝鲜半岛、日本列岛、西亚和欧洲。原产于西亚的小麦、黄牛、绵羊和冶金术在距今4500—5000年传入我国西北地区，西亚冶金术与我国中原地区的冶炼技术结合后，形成了陶范法的铸造工艺，发展为夏商周时期的青铜器铸造技术；夏商周文明的青铜器铸造技术向朝鲜半岛和日本列岛传播，催生了东北亚地区的青铜时代。与其他文明的交流一直贯穿中华文明形成发展的漫长过程。中华文明5000多年发展史充分证明，无论是物种、技术，还是思想、文化，都是在不断传播、交流、互动中得以发展进步的。

在长期与其他文明进行交流互鉴的过程中，中华文明形成丰富的多元文明对话的思想观念。尊重差异性是文明对话的起点，也是文明能够交流的前提。中国古人早就认识到不同文明的差异性，主张承认并客观对待差异性。出自《孟子·滕文公上》的“物之不齐，物之情也”一语，道出事物千差万别乃是事物发展的客观规律，揭示出千差万别的事物各有其存在的情由，启示我们要科学理性对待事物之间的差别、文明之间的差异。《国语·郑语》中说：“和实生物，同则不继。”意思是说多元共生才能创新、封闭单一必然僵化，如果万事万物都是清一色的，那事物发展、文明进步也就停止了。

在承认并包容差异性、多样性基础上，中华文明主张兼收并蓄，汲取其他文明的有益因素，通过学习消化实现融合创新，推动文明发展进步。《礼记·中庸》中的“万物并育而不相害，道并行而不相悖”，强调每一个个体、群体都有自己的特点，反对将单一的价值原则强加于不同的个体、民族或国家。“并育”“并行”不仅指不同事物之间的共存，而且指向万物之间相互促进、共同发展的平等互惠状态。《礼记·学记》中的“独学而无友，则孤陋而寡闻”，意思是指一个人在学习中，如果不接触外部环境，就会见识短浅。在文明发展上，一种文明若不与其他文明交流，也会陷入狭隘封闭状态，丧失进步的动力。可见，从理性对待文明差异，到与其他文明共生共存，再到与其他文明交流实现共同发展，中华文明对于处理不同文明间关系形成了丰富而系统的认识。

人类命运共同体理念深刻把握人类文明演进发展的基本规律，对中华文明中的多元文化对话思想进行创造性转化、创新性发展，主张充分认识和尊重世界文明的多样性。通过文明互学互鉴、交流交融推动人类文明进步，通过汲取不同文明的有益因素为人类发展提供智慧启示，把跨越时空、超越国度、富有永恒魅力、具有当代价值的文化精神弘扬起来，在人类文明的多样性中找到人类社会向前发展的强大动力，最广泛凝聚各国共建美好世界的共识。不同文明平等相待、交流互鉴，才能夯实构建人类命运共同体的人文根基。如果封闭自己或者企图以“文明优越论”“文明冲突论”改造同化其他文明，就会给自己、给人类文明发展带来灾难。各国虽然历史、文化、制度各异，但都应该彼此平等相待、互尊互鉴、相互学习，摒弃一切傲慢和偏见。唯有如此，各国才能共同发展、共享繁荣。

（作者为中央党校（国家行政学院）哲学教研部教授）

# 为建设新型国际关系注入中华文明智慧

邢丽菊

建设新型国际关系，是构建人类命运共同体的重要前提和路径。新型国际关系的基本内涵是相互尊重、公平正义、合作共赢，这体现了习近平外交思想的理论精华，蕴含着中华文明的精深智慧。我们可以从中华文明中汲取智慧和营养，推动建设新型国际关系，推动国际关系在正确轨道上前行。

相互尊重是中华文明提倡的人与人相处的道德原则，也是中华文明对待其他文明的基本态度。中华文明推崇以“仁”为核心的道德伦理。“仁者爱人”“爱人者，人恒爱之”。《说文解字》解释“仁”为“从人从二”，体现了一种相互性的伦理规范。“仁”是自我对他人关心爱护的道德情感，更是一种相互体恤的交互性伦理。世间万物是相互联系的存在，人与人、人与社会以及人与自然之间都应建立起相互尊重、和谐共生的关系。做到相互尊重，前提是肯定和接受事物的多样性。中华文明关于人与人、文明与文明之间相互尊重、和谐共生的思想观点给我们今天处理国与国关系以深刻启示。每一种文明都凝聚着一个国家、一个民族的精神追求，不同的发展道路和社会制度是基于不同国家的历史、文化、经济社会情况长期发展演化而成的。要秉持平等和尊重的态度，加深对其他文明和社会制度差异性的认知，推动交流对话，而不能把自己的意志强加于人。

尚正义是中华文明的精神特质之一。自古以来，中华民族就对公平正义有着深邃思考。中华民族的正义传统发源于先民从天地宇宙的运行以及物我一体的自然秩序中汲取的智慧。《诗经》有言："天生烝民，有物有则。民之秉彝，好是懿德。"所谓"则""彝"，都体现了代表正义的法则和伦理。孔子主张"有教无类"，让所有人都有公平接受教育的权利。朱熹将"不患寡而患不均"中的"均"解释为"各得其分"，意思是每个人得到理应得到的那一份。在中华传统文化中，"正义"被视为公正的、有利于百姓的道德伦理，也有顺应趋势、做符合规律之事的意思。在国与国命运紧密相连、国际关系早已走出殖民扩张旧时代的今天，尤其要坚持国家不分大小、强弱、贫富一律平等，遵守以国际法为基础的国际秩序、以联合国宪章宗旨和原则为基础的国际关系基本准则，摒弃强权政治、霸权主义，反对"小圈子"和"赢者通吃"思维，顺应和平发展的时代潮流。

中华文化注重把握事物之间的有机关联性，认为每个个体都不是孤立存在的，而是相互联系、相互影响的。对事物之间关联性的把握，使中国人形成了注重合作的文化基因。进行合作，就会涉及义与利的关系问题。中华文化重视道德的修养教化，但并不排斥利的存在。儒家推崇仁政的重要一点便是“惠民”“因民之所利而利之”，这样百姓才能安居乐业，社会才能和谐稳定。在具体实践中，主张秉持正确的义利观。当义与利发生矛盾时，中华文明崇尚“君子义以为上”，主张义重于利，甚至是舍生取义。这种弘义融利的义利观赋予利以义的重任，主张求利的过程合于义，体现了责任与担当。“计利当计天下利”，既要维护自己的利益，又要尽己之力来成人之美，积极践行“达则兼济天下”，努力做到“美美与共，天下大同”，这是中国先贤们追求的理想境界。

中华文化这种普遍联系而不是孤立观察事物的思维，以及对义利关系的深刻思考，对今天国家间相互合作仍有启示意义。随着经济全球化深入发展，各国利益紧密相连，没有哪个国家能够独自应对人类社会面临的共同挑战，也没有哪个国家能够退回到自我封闭的孤岛。在人类命运休戚与共的时代，需要以普遍联系的思维观察时代、把握时代，摒弃零和博弈的片面化思维，寻找利益交汇点以推动合作。

（作者为复旦大学国际问题研究院教授）

# 06 推动建构中国自主的生态文明知识体系

党的十八大以来，在习近平生态文明思想科学指引下，我国生态环境保护发生历史性、转折性、全局性变化。习近平生态文明思想以科学的理论范畴、严密的逻辑架构、深邃的历史视野丰富和发展了马克思主义人与自然关系理论，对中华优秀传统生态文化进行创造性转化、创新性发展，为正确认识人与自然关系提供科学指导，为建构中国自主的生态文明知识体系提供科学指引。

——编　者

《人民日报》（2022年07月18日　第11版）

# 开辟马克思主义人与自然关系理论新境界

郇庆治

人与自然关系是人类社会最基本的关系。马克思主义认为，人靠自然界生活，人类在同自然的互动中生产、生活、发展。习近平生态文明思想深刻阐明人与自然是生命共同体，绿水青山就是金山银山，揭示了保护生态环境就是保护生产力、改善生态环境就是发展生产力的道理，指明了发展和保护协同共进的新路径，开辟了马克思主义人与自然关系理论新境界。

## ◆ 深刻揭示人与自然的内在有机联系

习近平总书记指出："人与自然是生命共同体""山水林田湖草沙是不可分割的生态系统""共同构建地球生命共同体"。人与自然生命共同体理念，以人与自然关系的整体性为视角，以实现人与自然和谐共生为主要目标，从认识论层面超越了人与自然主客二分的观念，实现了马克思主义人与自然关系理论的创新发展。按照马克思主义的观点，人与自然关系应符合以下三方面原则。一是自然物质世界的本原性。恩格斯指出："我们连同我们的肉、血和头脑都是属于自然界和存在于自然界之中的。"二是自然生态系统的客观性。人类生存和发展离不开自然所提供的资源、环境及其他生态条件。马克思指出："人靠自然界生活。……所谓人的肉体生活和精神生活同自然界相联系，不外是说自然界同自身相联系，因为人是自然界的一部分。"三是生态环境与人类社会的互动性。如果人类无度破坏自然环境，就会导致文明衰亡。马克思主义经典作家对人与自然关系的理解和阐发主要从应然层面展开。

随着实践的发展和认识的深化，需要进一步从内涵和外延层面对人与自然关系作出明确概念界定。人与自然生命共同体理念将人与自然有机融入生命共同体的理论范式，注重从系统性、整体性、结构性的维度认识和把握人与自然关系。习近平总书记强调："自然是生命之母""生态是统一的自然系统，是相互依存、紧密联系的有机链条""人的命脉在田，田的命脉在水，水的命脉在山，山的命脉在土，土的命脉在林和草，这个生命共同体是人类生存发展的物质基础。"这深刻回答了为什么说人与自然是生命共同体、人与自然是怎样的生命共同体等问题，从认识论层面揭示了人与自然和谐共生、人类文明与自然环境共存共荣的内在联系，以科学的理论范畴、严密的逻辑架构、深邃的历史视野丰富和发展了马克思主义人与自然关系理论，为正确认识人与自然关系提供了科学指导。

### ◆ 科学阐明保护与发展的辩证统一关系

习近平总书记强调："绿水青山就是金山银山""保护生态环境就是保护生产力，改善生态环境就是发展生产力"。这些重要论述深刻阐明生态环境保护与经济社会发展的辩证统一关系，为正确处理人与自然关系提供了科学指引。马克思主义认为，人民是社会历史的创造者，社会历史发展的根本目的是实现人的全面发展。自然资源作为劳动资料，是构成生产力的基本要素。在社会生产中，人和自然是同时起作用的，没有自然界、没有感性的外部世界，就什么也不能创造。

实际上，探讨人与自然关系问题，必然涉及生态环境保护与经济社会发展的关系问题，亟须结合新的实践对这一问题作出科学解答。习近平生态文明思想立足新时代我国发展实际，从人与自然和谐共生、人类社会长远发展的高度，科学阐明"生态环境问题归根结底是发展方式和生活方式问题""保护生态环境就是保护自然价值和增值自然资本，就是保护经济社会发展潜力和后劲，使绿水青山持续发挥生态效益和经济社会效益"。这就将生态环境作为生产力的内在属性，把良好生态环境作为生产力发展的必备要素和有力支撑，继承和发展了马克思主义生产力理论。

生态环境保护并不是消极被动的为保护而保护，而是要

“正确处理好保护与发展的关系”。习近平生态文明思想明确“坚持在发展中保护、在保护中发展”，强调“生态环境保护和经济发展是辩证统一、相辅相成的，建设生态文明、推动绿色低碳循环发展，不仅可以满足人民日益增长的优美生态环境需要，而且可以推动实现更高质量、更有效率、更加公平、更可持续、更为安全的发展，走出一条生产发展、生活富裕、生态良好的文明发展道路”。习近平生态文明思想科学阐明保护与发展的辩证统一关系，开辟了观照生态环境保护与经济社会发展关系的全新理论视野，赋予生产力发展、经济社会发展以深沉的理性力量和科学的辩证法则，拓展和深化了马克思主义人与自然关系理论的认知与实践视域。

### ◆ 从文明观维度系统论证生态与文明的关系

习近平总书记指出：“生态兴则文明兴，生态衰则文明衰。生态环境是人类生存和发展的根基，生态环境变化直接影响文明兴衰演替。”一部人类文明史，也是一部人与自然关系的发展史。分析人与自然关系问题，需要运用历史思维，从人类文明演进的视角看问题。原始文明时期，人类依附于自然，主要靠简单的采集渔猎获得生存所需。农业文明时期，人类广泛利用自然，主要靠农耕畜牧稳定地获取自然资源，以支撑自身发展。传统工业文明时期，在人与自然主客二分自然观的影响下，人类利用科技手段大规模改造自然，试图凌驾于自然之上，造成生态环境的巨大破坏。

马克思主义认为，不以伟大的自然规律为依据的人类计划，只会带来灾难。针对美索不达米亚、希腊、小亚细亚等地毁坏森林的现象，恩格斯指出："我们不要过分陶醉于我们人类对自然界的胜利。对于每一次这样的胜利，自然界都对我们进行报复。"经过几百年工业化历程，今天的人类社会同马克思主义经典作家生活的年代相比已发生翻天覆地的变化，同时也面临资源环境约束趋紧、生态破坏加剧等问题。习近平总书记指出："生态文明建设关乎人类未来，建设绿色家园是人类的共同梦想，保护生态环境、应对气候变化需要世界各国同舟共济、共同努力，任何一国都无法置身事外、独善其身"，强调"我们要解决好工业文明带来的矛盾，把人类活动限制在生态环境能够承受的限度内"，指明"我国建设社会主义现代化具有许多重要特征，其中之一就是我国现代化是人与自然和谐共生的现代化，注重同步推进物质文明建设和生态文明建设"。习近平生态文明思想站在中华民族永续发展的高度，站在对人类文明赓续负责的高度，科学阐明在人类文明进程中，以人与自然和谐共生为鲜明特征的新的文明发展形态，打破了现代化进程中的增长迷思，从文明观的维度开辟了马克思主义人与自然关系理论新境界。

（作者为北京大学教授）

# 中华优秀传统生态文化的创造性转化创新性发展

赵建军

习近平总书记指出：“中华民族向来尊重自然、热爱自然，绵延5000多年的中华文明孕育着丰富的生态文化。”中华优秀传统生态文化积淀丰厚、博大精深，对于建设生态文明、推进人与自然和谐共生的现代化具有重要启示和借鉴意义。传承中华优秀传统生态文化，对其进行创造性转化、创新性发展，为中华民族永续发展提供文化支撑和理论滋养，是习近平生态文明思想的一个重要特征。

## ◆ 传承发展“天人合一、万物一体”的自然观

习近平总书记指出：“中华文明历来崇尚天人合一、道法自然，追求人与自然和谐共生。”中华民族在悠久历史进程中逐渐形成“天人合一、万物一体”的自然观，蕴含参天地赞化

育的生生意识、“民胞物与”的生命关怀，体现人与自然和谐共生的朴素思想。孟子所说的“尽其心者，知其性也。知其性，则知天矣”，展现出一种“尽心—知性—知天”的认知理路，将人心与天命紧密联系起来。庄子讲“天地与我并生，而万物与我为一”，认为人与自然万物有着共同的本源并遵循共同的法则，因而能够构成相互联系的系统整体。北宋张载提出“天人合一”的概念以及“民吾同胞，物吾与也”的思想，强调包括人在内的天地万物的内在统一性。这些思想观点，为正确认识和处理人与自然关系提供了有益借鉴。

习近平总书记高度重视从我国古代生态自然观中汲取经验、找寻智慧。在全国生态环境保护大会上，习近平总书记引用《荀子·天论》中的经典名句“万物各得其和以生，各得其养以成”，并列举都江堰的案例，强调坚持人与自然和谐共生。在深入推动长江经济带发展座谈会上，习近平总书记强调：“治好‘长江病’，要科学运用中医整体观，追根溯源、诊断病因、找准病根、分类施策、系统治疗。”在继承和发展马克思主义人与自然关系理论、传承中华优秀传统文化中的生态自然观基础上，习近平生态文明思想科学阐明人因自然而生，人与自然是一种共生关系，对自然的伤害最终会伤及人类自身；自然是生命之母，大自然是包括人在内的一切生物的摇篮，是人类赖以生存发展的基本条件，等等，为正确认识和处理人与自然关系、建设社会主义生态文明奠定了坚实哲学基础。

## ◆ 合理借鉴“取之有度、用之有节”的发展观

习近平总书记强调，“把经济活动、人的行为限制在自然资源和生态环境能够承受的限度内，给自然生态留下休养生息的时间和空间”。把天地人统一起来、把自然生态同人类文明联系起来，按照自然规律活动，取之有时，用之有度，体现着中华优秀传统生态文化独具特色的发展观。唐代陆贽讲“取之有度，用之有节”，认为自然生长之物和人力创造之物是有限度的，在使用过程中要有所节制。实际上，“取之有度、用之有节”的发展观在先秦诸子的思想中就得到充分体现。《论语》中说：“子钓而不纲，弋不射宿。”《孟子》中讲：“不违农时，谷不可胜食也；数罟不入洿池，鱼鳖不可胜食也；斧斤以时入山林，材木不可胜用也。”荀子提出：“草木荣华滋硕之时则斧斤不入山林，不夭其生，不绝其长也。”《吕氏春秋》中讲：“竭泽而渔，岂不获得？而明年无鱼；焚薮而田，岂不获得？而明年无兽。”这些都是强调要遵循“天时”来进行生产生活，体现顺应规律、适度节用的发展思想。

习近平生态文明思想合理借鉴中华优秀传统生态文化的发展观，结合新时代生态文明建设实践对之加以创造性转化、创新性发展，强调杀鸡取卵、竭泽而渔的发展方式走到了尽头，顺应自然、保护生态的绿色发展昭示着未来。发展经济不能对资源和生态环境竭泽而渔，生态环境保护也不是舍弃经济发展

而缘木求鱼，要坚持在发展中保护、在保护中发展，实现经济社会发展与人口、资源、环境相协调，使绿水青山产生巨大生态效益、经济效益、社会效益，深刻阐明了实现什么样的发展、怎样实现发展的重大时代课题。

### ◆ 科学吸收“顺天应时、建章立制”的制度观

习近平总书记指出：“保护生态环境必须依靠制度、依靠法治。”我国运用制度手段保护生态环境和自然资源的历史十分悠久。习近平总书记强调：“我国古代很早就把关于自然生态的观念上升为国家管理制度，专门设立掌管山林川泽的机构，制定政策法令，这就是虞衡制度。”《周礼》中就有虞衡制度的相关记载，秦汉时期虞衡制度分为林官、湖官、陂官、苑官、畴官等。在我国，虞衡制度几乎贯穿整个封建社会，一直延续到清代。此外，周文王颁布的《伐崇令》规定：“毋坏室，毋填井，毋伐树木，毋动六畜。有不如令者，死无赦。”《睡虎地秦墓竹简》中的《秦律十八种·田律》也有遵循自然规律、保护生态环境方面的规定。

重视生态制度建设的观念，对于今天仍具有重要参考和借鉴价值。习近平生态文明思想继承和发展中华优秀传统生态文化，深刻总结我国生态文明建设经验，指明只有实行最严格的制度、最严密的法治，才能为生态文明建设提供可靠保障。强调要加快制度创新，增加制度供给，完善制度配套，

强化制度执行，让制度成为刚性的约束和不可触碰的高压线。严格用制度管权治吏、护蓝增绿，有权必有责、有责必担当、失责必追究，保证党中央关于生态文明建设的决策部署落地生根见效。

在习近平生态文明思想科学指引下，党的十八大以来，我国加快推进生态文明顶层设计和制度体系建设，从总体目标、基本理念、主要原则、重点任务、制度保障等方面对生态文明建设进行全面系统部署安排，构建产权清晰、多元参与、激励约束并重、系统完整的生态文明制度体系，为建设人与自然和谐共生的现代化提供了坚强保障。

（作者为中央党校（国家行政学院）教授）

# 建构中国自主的生态文明知识体系

张云飞

习近平总书记指出："加快构建中国特色哲学社会科学，归根结底是建构中国自主的知识体系。"在哲学社会科学工作座谈会上，习近平总书记将我国生态领域形成的哲学社会科学思想和成果作为中国特色哲学社会科学的主体内容之一，作为中国特色哲学社会科学发展的最大增量之一。建构中国自主的知识体系，建设人与自然和谐共生的现代化，一项重要任务是坚持以习近平生态文明思想为指导，建构中国自主的生态文明知识体系。

## ◆ 以建设人与自然和谐共生的现代化为目标

马克思、恩格斯指出："一切划时代的体系的真正的内容都是由于产生这些体系的那个时期的需要而形成起来的。"党的十八大以来，以习近平同志为核心的党中央把生态文明建设摆在全局工作的突出位置，以前所未有的力度抓生态文明建设，大力推进生态文明理论创新、实践创新、制度创新，创立了习近平生态文明思想。习近平生态文明思想深刻回答了为什么建设生态文明、建设什么样的生态文明、怎样建设生态文明等重大理论和实践问题，深刻指明我们要建设的现代化是人与自然和谐共生的现代化，为建设美丽中国提供了根本遵循，为中华民族永续发展擘画了蓝图、指明了方向，也为建构中国自主的生态文明知识体系明确了目标导向。

人与自然和谐共生的现代化注重同步推进物质文明建设和生态文明建设，既创造更多物质财富和精神财富，满足人民日益增长的美好生活需要，也提供更多优质生态产品，满足人民日益增长的优美生态环境需要，是我国建设社会主义现代化的重要特征之一。中国式现代化实现了对西方以资本为中心的现代化、两极分化的现代化、物质主义膨胀的现代化的超越。建构中国自主的生态文明知识体系，需要深入研究和阐释人与自然和谐共生现代化的内涵和外延，讲清楚中国式现代化与西方现代化相比具有哪些特征和优势；深入研究和阐释人与自然和谐共生的现代化在人类文明形态演进过程中的历史地位，对于中华民族永续发展和构建人类命运共同体具有哪些深远意义，从而为建设人与自然和谐共生的现代化提供有力学理支撑。

### ◆ 植根新时代生态文明建设生动实践

建设生态文明，是我们党提出的具有原创性、时代性的概念和理论。在这个过程中，我国哲学社会科学界作出了重大贡献，也形成了不可比拟的优势。以习近平同志为核心的党中央把生态文明建设作为关系中华民族永续发展的根本大计，坚持绿水青山就是金山银山的理念，从思想、法律、体制、组织、作风上全面发力，全方位、全地域、全过程加强生态环境保护，推动划定生态保护红线、环境质量底线、资源利用上线，开展一系列根本性、开创性、长远性工作，美丽中国建设迈出重要步伐，推动我国生态环境保护发生历史性、转折性、全局性变化。

习近平生态文明思想深刻阐明生态兴则文明兴、人与自然和谐共生、绿水青山就是金山银山、良好生态环境是最普惠的民生福祉、山水林田湖草沙是生命共同体、用最严格制度最严密法治保护生态环境、建设美丽中国全民行动、共谋全球生态文明建设等新理念新思想新战略，对生态文明建设进行了一系列重要顶层设计和全面部署，为保护生态环境、推动绿色发展、建设美丽中国提供了行动指南，为建构中国自主的生态文明知识体系注入丰富时代内涵、提供强大动力和广阔空间。建构中国自主的生态文明知识体系，必须以中国为观照、以时代为观照，以我们正在做的事情为中心，从新时代生态文明建设的生动实践中挖掘新材料、发现新问题、提出新观点、构建新理论，加强对实践经验的系统总结，提炼出有学理性的新理论，在深刻阐释习近平生态文明思想的核心要义、精神实质、丰富内涵、实践要求方面，在深入研究新时代生态文明建设的价值理念和发展理念方面延展逻辑进路、拓展理论深度、形成自主范式，以高质量的研究成果为生态文明建设提供决策参考。

### ◆ 以学科体系、学术体系、话语体系建设为支点

习近平总书记强调："要建立中国特色、中国风格、中国气派的文明研究学科体系、学术体系、话语体系，为人类文明新形态实践提供有力理论支撑。"建设人与自然和谐共生的现代化，建构中国自主的生态文明知识体系，需要以学科体系、学术体系、话语体系建设为理论基础和支点，着力建设中国特有的生态文明知识和经验系统。中国特色社会主义进入新时代，伴随我国生态文明建设迈出坚实步伐，生态文明领域学科体系、学术体系、话语体系不断建立健全。在学科体系建设方面，着力完善基础学科，大力发展优势重点学科，生态哲学、生态经济学、生态美学等交叉学科蓬勃发展。在学术体系建设方面，涌现出一批高质量研究成果，生态文明研究原创能力和水平进一步提升。在话语体系建设方面，"绿水青山就是金山银山""人与自然生命共同体""山水林田湖草沙生命共同体""地球生命共同体"等一系列富有原创性、彰显中国特色的标识性话语理念深入人心，我国生态文明领域研究的国际话语权和国际影响力不断增强。

同时也应看到，推进学科体系、学术体系、话语体系建设是一项复杂的系统工程，建构中国自主的生态文明知识体系也不是一朝一夕、一蹴而就的事情。当前，我国生态文明领域研究原创能力还需要进一步增强，学科体系、学术体系、话语体系建设仍滞后于生态文明建设实践，还存在知识分散化、碎片化的问题。建构具有中国特色、中国风格、中国气派的生态文明知识体系，需要从理论范式、路径选择、指标体系等多维度发力，既对我国生态文明建设的经验规律作出系统化学理阐释，又努力提炼具有世界性、普遍性的原创成果，讲好生态文明建设的中国故事，为建设人与自然和谐共生的美丽中国、共建清洁美丽世界作出更大贡献。

（作者为中国人民大学教授）

# 07 推动建构中国自主的现代化知识体系

习近平总书记指出，“我们建设的现代化必须是具有中国特色、符合中国实际的”“以中国式现代化推进中华民族伟大复兴”。中国式现代化破解人类社会发展的诸多难题，摒弃西方以资本为中心的现代化老路，拓展发展中国家走向现代化的途径，为人类对更好社会制度的探索提供了中国方案。深化对习近平总书记关于中国式现代化重要论述的研究，为建构中国自主的现代化知识体系作出应有贡献，是中国社会学界要完成好的重大任务。

——编　者

《人民日报》（2022年07月11日　第08版）

# 从社会学角度深化中国式现代化研究

张　翼

现代化是近代以来中国人民的不懈追求。经过长期探索实践，我们党领导人民创造了世所罕见的经济快速发展和社会长期稳定两大奇迹，成功走出了中国式现代化道路，创造了人类文明新形态。习近平总书记关于中国式现代化的一系列重要论述，深刻揭示了中国式现代化的本质和特征，明确了我国现代化建设必须坚持的方向。社会学研究者要深入学习贯彻习近平总书记的重要论述，在中国实践的肥田沃土中深化研究，为建构中国自主的现代化知识体系作出应有贡献。

## ◆　中国式现代化是中国共产党领导的现代化

习近平总书记指出："中国共产党领导是中国特色社会主义最本质的特征，是中国特色社会主义制度的最大优势。"中国共产党成立一百多年来，团结带领中国人民不懈奋斗，就是为了把我国建设成为社会主义现代化强国，实现中华民族伟大复兴。新中国成立后，我们党带领人民对现代化建设进行了艰辛探索，明确提出“把我国建设成为一个具有现代农业、现代工业、现代国防和现代科学技术的社会主义强国”。我们党领导人民在旧中国一穷二白的基础上建立起独立的比较完整的工业体系和国民经济体系，有效维护了国家主权和安全，我国社会主义建设事业迈出了坚实步伐。改革开放后，我们党提出“三步走”战略，即到20世纪80年代末解决人民温饱问题，到20世纪末使人民生活达到小康水平，到21世纪中叶基本实现现代化，达到中等发达国家水平。进入21世纪，在人民生活总体上达到小康水平之后，我们党又提出，到建党一百年时全面建成惠及十几亿人口的更高水平的小康社会，然后再奋斗30年，到新中国成立一百年时，基本实现现代化，把我国建成社会主义现代化国家。

党的十八大以来，中国特色社会主义进入新时代，中华民族迎来了从站起来、富起来到强起来的伟大飞跃。党的十九大站在新的更高的历史起点上，对实现第二个百年奋斗目标作出分两个阶段推进的战略安排，提出到2035年基本实现社会主义现代化，到21世纪中叶把我国建成富强民主文明和谐美丽的社会主义现代化强国。党的十九届五中全会着眼于“两个一百年”奋斗目标有机衔接、接续推进，描绘了“十四五”时期和到2035年的发展图景，为今后一个时期我国社会主义现代化建设制定了时间表和路线图。

放眼中华文明五千多年历史，没有哪一种政治力量能像中国共产党这样深刻地、历史性地推动中华民族发展进程。深入理解中国式现代化的本质和特征，就要深刻理解中国共产党的初心和使命，深刻认识中国共产党总揽全局、协调各方的领导核心作用。

社会学研究者应从党的理论和路线方针政策、党的执政能力和执政水平、党的严密组织体系和强大组织能力等方面，深入研究中国式现代化的领导力量，深入研究中国共产党在中国式现代化进程中的领导核心作用。

### ◆ 中国式现代化是社会主义现代化

习近平总书记指出："我们的任务是全面建设社会主义现代化国家，当然我们建设的现代化必须是具有中国特色、符合中国实际的。"党领导人民把一个半殖民地半封建的旧中国建设成为一个繁荣富强、欣欣向荣的新中国，在中华大地上全面建成小康社会。

中国式现代化与资本主义现代化有着本质的不同。资本主义现代化以生产资料资本主义私有制为基础，是以资本为中心的现代化，其本质是为了维护资产阶级统治。历史上，资本主义扩张到哪里，就将侵略战争、残酷剥削与野蛮殖民带到哪里。现实中，资本主义现代化产生了两极分化、物质主义膨胀、对外扩张掠夺等一系列顽疾。中国式现代化以生产资料社会主义公有制为基础，是以人民为中心的现代化，是不断实现好、维护好、发展好最广大人民根本利益，坚定不移推进全体人民共同富裕的社会主义现代化。中国式现代化是我们党在坚定捍卫马克思主义、坚持走中国特色社会主义道路中形成和发展的。它不是简单延续我国历史文化的母版，不是简单套用马克思主义经典作家设想的模板，不是其他国家社会主义实践的再版，更不是西方国家现代化发展的翻版。

中国式现代化坚持以马克思主义为指导，坚持把马克思主义基本原理同中国具体实际相结合、同中华优秀传统文化相结合，不断推进马克思主义中国化时代化，既结合新的实践不断推进理论创新，又善于用新的理论指导新的实践；坚持走中国特色社会主义道路，既不走封闭僵化的老路，也不走改旗易帜的邪路；坚持完善和发展中国特色社会主义制度，推进国家治理体系和治理能力现代化；坚持建设具有强大凝聚力和引领力的社会主义意识形态，促进物质文明和精神文明相协调，构筑中国精神、中国价值、中国力量，巩固全党全国各族人民团结奋斗的共同思想基础；坚持和平发展，弘扬全人类共同价值，践行真正的多边主义，推动构建人类命运共同体。

社会学研究者要坚持马克思主义立场观点方法，坚持以习近平新时代中国特色社会主义思想为指导，坚持人民立场，坚定“四个自信”，扎根中国社会主义现代化建设实践，深入研究中国式现代化的本质和特征，不断推进现代化的知识创新、理论创新、方法创新。

### ◆ 中国式现代化是跨越式的发展进程

习近平总书记指出："我们要后来居上，把'失去的二百年'找回来，决定了我国发展必然是一个'并联式'的过程，工业化、信息化、城镇化、农业现代化是叠加发展的。"西方发达国家的现代化是一个"串联式"的发展过程，工业化、城镇化、农业现代化、信息化顺序发展，发展到目前水平用了二百多年时间。新中国成立后，我国坚持不懈推进社会主义现代化建设。从第一个五年计划到第十四个五年规划，一以贯之的主题是把我国建设成为社会主义现代化国家。虽然走过弯路，也遭遇过一些意想不到的困难和挫折，但党和人民建设社会主义现代化国家的意志和决心始终没有动摇。在这个过程中，我们党对建设社会主义现代化国家的认识不断深入、战略不断成熟、实践不断丰富，加速了中国式现代化进程。

我们创造了经济快速发展奇迹和社会长期稳定奇迹，用几十年时间走完了发达国家几百年走过的工业化历程，跃升为世界第二大经济体，综合国力、科技实力、国防实力、文化影响力、国际影响力显著提升；我国人民生活由温饱不足到全面小康，整体上彻底摆脱了绝对贫困，成为世界上中等收入人口最多的国家；我国长期保持社会和谐稳定、人民安居乐业，成为国际社会公认的最有安全感的国家之一。深入理解中国式现代化的本质和特征，深入研究中国式现代化，就要认识到中国式现代化是一个跨越式的发展进程，必须协同推进新型工业化、信息化、城镇化、农业现代化。

社会学研究者要高度关注新型工业化、信息化、城镇化、农业现代化同步发展中可能面临的风险和挑战，深入研究如何正确处理区域、城乡、经济和社会、物质文明和精神文明、人与自然等重大关系，提高发展的整体效能，增强发展整体性；准确研判未来我国人口老龄化、人均预期寿命提高、受教育年限增加、劳动力结构变化等发展趋势，为提高工作预见性和主动性提供智力支持；密切关注人民对美好生活新期待的发展变化，努力为实现幼有所育、学有所教、劳有所得、病有所医、老有所养、住有所居、弱有所扶提供智力支持。

（作者为中国社会科学院习近平新时代中国特色社会主义思想研究中心研究员）

# 建构中国自主的现代化知识体系

洪大用

现代化是人类社会发展的潮流，也推动了社会学的产生和发展。西方社会学对现代化的研究大体可分为两类：一类是对西方现代化进程的研究，在对其历史与现实的比较中划分出传统社会与现代社会，并在此基础上提出由传统到现代的现代化发展“一般”路径；另一类是对第二次世界大战之后广大发展中国家发展进程的研究，在西方与非西方的对立与冲突中分析非西方国家现代化面临的问题。这两类研究凸显了传统与现代、西方与非西方的对立，虽然研究对象不同，但都不同程度地以西方为中心，把西方现代化作为参照。

经过不懈奋斗，中国共产党领导人民成功走出中国式现代化道路，取得了举世瞩目的成就，不但破解了人类社会发展的诸多难题、打破了“现代化就是西方化”的迷思，也充分表明世界上既不存在定于一尊的现代化模式，也不存在放之四海而皆准的现代化标准。中国式现代化道路，拓展了发展中国家走向现代化的途径，为人类对更好社会制度的探索提供了中国方案，也成为加快构建中国特色社会学、建构中国自主的现代化知识体系的“富矿”。

深化对中国式现代化领导力量的研究。中国式现代化的核心领导力量是中国共产党。党的领导核心作用体现在党坚持发展科学理论和制定正确路线方针政策上，体现在党的执政能力和领导水平上，也体现在党的严密组织体系和强大组织能力上。正是在中国共产党的坚强领导下，我国在世界现代化道路上以“后发”起点取得了令人震撼的成就。我们用几十年时间走完了发达国家几百年走过的工业化历程，创造了世所罕见的经济快速发展和社会长期稳定两大奇迹；我国工业化、信息化、城镇化、农业现代化叠加发展，这是一个与西方发达国家工业化、城镇化、农业现代化、信息化“串联式”发展过程不同的“并联式”过程；我们战胜了各种风险挑战，既有国内的也有国际的，既有政治、经济、文化、社会等领域的也有来自自然界的，既有传统的也有非传统的，确保中国式现代化行稳致远。加强对现代化领导力量的研究，搞清楚中国共产党为什么能、马克思主义为什么行、中国特色社会主义为什么好，对于我们走好全面建设社会主义现代化国家新征程具有重要意义，成为建构中国自主的现代化知识体系的重要内容。

深化对中国式现代化观的研究。为什么人的问题是现代化研究的根本性、原则性问题。只有坚持以人民为中心的发展思想，才会有正确的发展观、现代化观。近现代史上，旧中国的封建统治者和资产阶级政权都曾试图推动中国的现代化，但其出发点是为了维护自身统治、增进自身利益，那样的现代化并没有让广大人民得到实惠，最终因得不到人民支持而难以为继。西方式现代化本质上是以资本为中心的现代化，不可避免地导致两极分化。当前，全球收入不平等问题突出，一些国家贫富分化，中产阶层塌陷，导致社会撕裂、政治极化、民粹主义泛滥，教训十分深刻。中国式现代化鲜明体现了以人民为中心的发展思想。我们党坚持全心全意为人民服务的根本宗旨，把为民办事、为民造福作为最重要的政绩。在推进中国式现代化进程中，我们党始终坚持发展为了人民、发展依靠人民、发展成果由人民共享，在中华大地上全面建成了小康社会，历史性地解决了绝对贫困问题，不仅为促进共同富裕、实现人的全面发展创造了良好条件，也为世界减贫事业作出了重大贡献。以人民为中心的发展思想，既是建构中国自主的现代化知识体系必须坚持的根本立场，也是建构中国自主的现代化知识体系需要深入研究的一个重大课题。同时，在全面建设社会主义现代化国家新征程上，加强对以人民为中心的发展思想的研究，也有利于将其更好地贯彻到经济社会发展各方面各环节，激发全体人民的积极性主动性创造性。

深化对中国式现代化路径的研究。不同国家和民族的历史传统、文化积淀、基本国情不同，其发展道路必然具有自己的特色。任何一种现代化都是在传统基础上推进的，没有截然脱离传统的现代化。西方一些现代化理论割裂传统与现代之间的客观联系，其理论观点和研究方法是片面的，照搬到其他国家也是有害的。中国共产党是中华优秀传统文化的忠实传承者。在推进中国式现代化进程中，我们党坚持把马克思主义基本原理同中国具体实际相结合、同中华优秀传统文化相结合，用马克思主义真理的力量激活了中华民族历经几千年创造的伟大文明，以时代精神激活中华优秀传统文化的生命力，避免了西方现代化将传统与现代对立起来的缺陷。社会学的现代化研究，一方面要讲清楚中华文化积淀着中华民族最深沉的精神追求，是中华民族生生不息、发展壮大的丰厚滋养，讲清楚中华优秀传统文化是中华民族的突出优势，是我们最深厚的文化软实力；另一方面要以中国为观照、以时代为观照，不断推动中华优秀传统文化创造性转化、创新性发展，为建构中国自主的现代化知识体系提供丰厚滋养。

深化对以中国式现代化造福世界的研究。中华民族历来爱好和平，自古就崇尚“以和为贵”“协和万邦”“四海之内皆兄弟也”，倡导“大道之行也，天下为公”。在中国式现代化道路上，我们党牢牢把握和平与发展的时代主题，在维护世界和平中推动发展，在推动发展中促进世界和平。从和平共处五项原则到推动构建人类命运共同体，我国始终坚持“各美其美，美人之美”，主张“美美与共，天下大同”。我国推动构建人类命运共同体，不是以一种制度代替另一种制度，不是以一种文明代替另一种文明，而是主张不同社会制度、不同历史文化、不同发展水平的国家在国际事务中利益共生、权利共享、责任共担，形成共建美好世界的最大公约数。这超越了以西方为中心的现代化理论，深刻揭示了各国相互联系、相互依存，全球命运与共、休戚相关的国与国关系，深刻重构了现代化未来图景，具有重大理论意义与实践意义。在建构中国自主的现代化知识体系过程中，社会学研究者应当从中国与世界的交流互动中探讨如何积极应对全球共同挑战、如何增进文明交流互鉴、如何弘扬全人类共同价值，为构建人类命运共同体贡献中国智慧、中国学术。

概言之，中国特色社会学研究要坚持以习近平新时代中国特色社会主义思想为指导，增强实践自觉，立足中国实际，解决中国问题，自觉以回答中国之问、世界之问、人民之问、时代之问为学术已任，以彰显中国之路、中国之治、中国之理为思想追求，在现代化研究领域拿出真本事、取得好成果，不断开创现代化研究的新范式，加快建构中国自主的现代化知识体系。同时，发挥社会学在融通中外文化、增进文明交流中的独特作用，传播中国声音、中国理论、中国思想，让世界更好读懂中国。

# 为各民族共同繁荣发展提供学理支撑

**麻国庆**

中华民族是一个大家庭，各民族都要过上好日子。经过全党全国各族人民持续奋斗，我们实现了第一个百年奋斗目标，在中华大地上全面建成小康社会，踏上全面建设社会主义现代化国家新征程。习近平总书记强调：“必须把推动各民族为全面建设社会主义现代化国家共同奋斗作为新时代党的民族工作的重要任务，促进各民族紧跟时代步伐，共同团结奋斗、共同繁荣发展。”习近平总书记的重要论述，为做好新时代党的民族工作、在现代化道路上推动各民族共同繁荣发展提供了科学指引和根本遵循。

我国是一个统一的多民族国家。在现代化道路上推动各民族共同繁荣发展，是中国式现代化的题中应有之义。深化对推动各民族共同团结奋斗、共同繁荣发展的研究，不仅可以为推进中国式现代化提供智力支持，而且可以为其他多民族发展中国家迈向现代化提供有益借鉴。

在现代化道路上推动各民族共同繁荣发展，必须铸牢中华民族共同体意识。这是新时代党的民族工作的“纲”，也是深化对各民族现代化发展研究的“纲”。从历史看，一部中国史就是一部各民族交融汇聚成多元一体中华民族的历史。新中国成立以来，少数民族和民族地区得到了很大发展。党的十八大以来，我们坚持全国一盘棋，发挥好中央、发达地区、民族地区三个积极性，对边疆地区、贫困地区、生态保护区实行差别化的区域政策，加快民族地区发展，推动56个民族共同迈进全面小康，为少数民族和民族地区同全国一道实现现代化打下了坚实基础。在共同奋斗、共同发展中，汉族离不开少数民族、少数民族离不开汉族、各少数民族之间也相互离不开，各族群众对伟大祖国的认同、对中华民族的认同、对中华文化的认同、对中国共产党的认同、对中国特色社会主义的认同不断增强。

全面建设社会主义现代化强国，离不开全国各族人民大团结的力量。社会学研究者在现代化研究中要更加注重对中华民族共同体的研究，正确把握各民族共同性和差异性的关系，明确增进共同性、尊重和包容差异性是民族工作的重要原则；正确把握中华民族共同体意识和各民族意识的关系，明确各民族要始终把中华民族利益放在首位，同时在实现好中华民族共同体整体利益进程中实现好各民族具体利益，把休戚与共、荣辱与共、生死与共、命运与共的共同体理念贯彻体现到研究过程和研究成果中。

加强对民族地区支持政策的研究。民族地区是我国的资源富集区、水系源头区、生态屏障区、文化特色区、边疆地区。老一辈社会学研究者研究民族地区的出发点就是为建立一个共同繁荣的中华民族大家庭服务，提出西部地区的发展需要考虑民族因素，需要依托当地的历史、文化、民俗、生态等因素。当前，我国已经进入新发展阶段。民族地区需要立足自身的资源禀赋、发展条件、比较优势，找准把握新发展阶段、贯彻新发展理念、构建新发展格局、推动高质量发展和促进共同富裕的发力点。这就要求社会学研究者加强对民族地区支持政策的研究，比如研究如何加强民族地区基础设施建设、深化产业结构调整、优化经济社会发展和生态文明建设整体布局等。

加强对民族地区实施乡村振兴战略的研究。实施乡村振兴战略，对于推进民族地区现代化进程具有重要意义。当前研究的重点是如何实现民族地区巩固拓展脱贫攻坚成果同乡村振兴有效衔接。社会学研究者需要梳理国际国内乡村发展理论，梳理总结民族地区实现脱贫攻坚和推动乡村振兴的实践经验，深入开展田野调查，积极参与民族地区乡村振兴战略的资政服务、进展评估工作，为促进农牧业高质高效、乡村宜居宜业、农牧民富裕富足提供智力支持。

加强对保护和传承民族文化的研究。多民族是我国的一大特色，各民族共同开发了祖国的锦绣河山、广袤疆域，形成了各具特色的民族文化，也共同创造了灿烂的中华文化。文化认同是最深层次的认同，是民族团结之根、民族和睦之魂。大力保护和传承民族文化，有利于为推进民族地区现代化提供强大精神动力。社会学研究者需要深入研究如何推动各民族优秀传统文化创造性转化、创新性发展，并把文化研究同经济社会发展研究结合起来，努力为民族地区经济社会发展提供智力支持和精神动力。

加强对互嵌式社会结构的研究。随着经济社会发展，我国各民族跨区域流动日益活跃，民族分布交错杂居的趋势进一步发展，改变了城乡社区原有的邻里关系和交往方式。今天，各民族在社会生活中紧密联系的广度和深度前所未有，我国大散居、小聚居、交错杂居的民族人口分布格局不断深化，呈现出大流动、大融居的新特点。顺应这一趋势，社会学研究者应加强对构建互嵌式社会结构、互嵌式社区的研究，深化对完善流动人口服务管理体系的研究，促进各民族共建美好家园、共创美好未来。

（作者为中央民族大学副校长）

# 08 继续推进中华文明探源工程

中华文明起源，不仅是中国学者潜心研究的重大课题，也是国际学术界持续关注的研究课题。习近平总书记在主持十九届中央政治局第三十九次集体学习时强调："中华文明探源工程成绩显著，但仍然任重而道远，必须继续推进、不断深化。"推动中华文明探源工程取得更多成果，需要进一步回答好中华文明起源、形成、发展的基本图景、内在机制以及各区域文明演进路径等重大问题，深入认识中华文明为人类文明进步事业作出的重大贡献。

——编　者

《人民日报》（2022年07月04日　第09版）

# 揭示中华文明起源、形成、发展的历史脉络

王　巍

“中华文明探源工程”，全称是“中华文明起源和早期发展综合研究”，是继国家“九五”重点科技攻关项目——“夏商周断代工程”之后，又一项由国家支持的多学科结合研究中国古代历史与文化的重大科研项目。经过参加工程的20多个学科的400多位学者共同努力，中华文明探源工程取得了显著成果：对中华文明起源、形成、发展的历史脉络，对中华文明多元一体格局的形成和发展过程，对中华文明的特点及其形成原因等，有了较为清晰的认识。习近平总书记强调：“中华文明探源工程成绩显著，但仍然任重而道远，必须继续推进、不断深化。”面向未来，继续推进、不断深化中华文明探源工程，逐步还原文明从涓涓溪流到江河汇流的发展过程，推动研究成果的宣传、推广、转化，需要广大考古工作者和历史研究工作者持续努力。

## ◆ 中华文明探源工程的缘起

中国古代史籍把黄帝和炎帝时期作为中华文明的肇始，但古代文献中关于炎黄时代的记述有不少带有神话色彩，属于古史传说，并不能作为信史。直到20世纪末，国内和国际学术界都有一些人对中华民族拥有5000多年文明史持怀疑甚至否定态度。中国史学界很多人认为中华文明开始于中国历史上的第一个王朝——夏朝，而部分国外学者和个别国内学者怀疑甚至否定夏朝是真正存在过的王朝，认为古代中国进入文明社会的时代只能从符合“文明三要素”（冶金术、文字、城市）并为甲骨文所证明的商朝后期开始算起。

要想消除社会上和学术界存在的疑问，搞清中华文明起源、形成的历史，实证中华民族5000多年文明史，非常重要的就是要依靠考古发掘获得的新资料来研究和证实中华文明起源、形成与早期发展的过程。因此，“夏商周断代工程”告一段落后，参加工程的学者们建议，继续“夏商周断代工程”开启的多学科结合研究人文科学重大问题的机制，开展中华文明起源、形成、发展历史脉络的研究。2001年底，“中华文明起源和早期发展综合研究”立项。

## ◆ 中华文明探源工程的实施过程

中华文明探源工程的宗旨是：多学科、多角度、多层次、全方位地研究中华文明的起源、形成与早期发展的过程，并探索形成这一过程的背景、原因、发展道路及其特点。多学科，就是各个学科的有机结合；多角度，就是要从环境、生产力发展状况（包括农业和手工业）、精神生活、社会结构等多个角度来研究文明起源；多层次，就是不仅要研究都邑遗址和贵族的状况，还要研究位于都邑附近的中小型聚落和社会中下层人们的生活；全方位，就是要研究当时的政治、经济、文化、社会等的发展变化及其相互之间的关系。迄今为止，中华文明探源工程分为预备性研究和第一、二、三、四、五阶段。

中华文明探源工程预备性研究（2001—2003年）。由于这一项目涉及的时间和空间范围广，参与的单位和学科多，研究的内容复杂，项目的组织和实施难度较大，因此首先于2001—2003年进行了“中华文明探源工程预备性研究”。预备性研究设置了“历史文献与古史传说研究”“天文考古学研究”“史前符号汇集及其与文字关系研究”“关键遗址的测年技术研究”“冶金术研究”“文明形成时期的资源与贸易研究”“文明形成时期的经济状况研究”“文明形成时期聚落与社会研究”“环境变迁与文明演进关系研究”等9个课题。经过研究，各个课题获得了不同程度的进展。预备性研究最大的收获是，初步摸索出一套多学科结合研究中华文明起源和早期发展的技术路线和实施方案，为正式开展中华文明探源工程奠定了坚实基础。

中华文明探源工程第一阶段（2004—2005年）。这一阶段开展“公元前2500年—公元前1500年中原地区文明形态研究”。这一时间段是龙山时代晚期到商朝初年。主要探讨中原地区这一时期的环境背景和经济技术发展状况及其在文明形成过程中的作用、各个都邑性遗址的年代、中原地区文明形成期的聚落形态所反映的社会结构、中原地区早期文明形态等问题。之所以从中原地区入手，是因为该地区考古学文化谱系已经建立，又有较多历史文献和古史传说作为参考，比较容易推动相关研究。

中华文明探源工程第二阶段（2006—2008年）。在第一阶段的基础上，把研究的时间范围扩展到公元前3500年—公元前1500年，空间范围从黄河中游扩展至黄河上、中、下游，长江中、下游和辽河流域等地，主要研究该时间段中各个地区都邑和区域中心性遗址及其所属考古学文化的年代、环境变化、经济技术发展状况和社会结构变化。

中华文明探源工程第三阶段（2009—2012年）。在前一阶段的基础上继续深化研究，研究的时间范围依然是公元前3500年—公元前1500年，重点研究课题包括黄河、长江及西辽河流域考古学文化年代谱系的完善和各地文明化进程中重大事件的年代学研究，各地区环境变化与文明演进的关系研究，各地区技术和生业的发展以及铜、玉、盐等重要资源与文明形成的关系研究，都邑性聚落和各个区域中心性聚落反映的社会结构研究，文明形成过程中精神文化的发展状况研究，中华文明形成和早期发展的整体性研究。

中华文明探源工程第四阶段（2013—2018年）。这一阶段的工作主要是对第三阶段设置的年代、环境、生业、都邑和聚落反映的社会结构以及整合研究等几大课题继续开展研究，在此基础上形成第四阶段结项报告。

中华文明探源工程第五阶段（2020—2024年）。这一阶段仍然延续探源工程前四阶段的方针和技术路线，将近几年新发现的距今5500年到3500年的重要遗址纳入工程中，并加强了理论阐释方面的力度。

## ◆ 中华文明探源工程的意义

中华文明探源工程以辩证唯物主义和历史唯物主义为指导，经过考古发掘和多学科结合研究，以坚实的考古材料和综合研究成果证明，中华民族5000多年文明史是真实可信的历史。这一结论性认识对于我们了解中华文明的悠久历史、增强历史自信和文化自信、推动实现中华民族伟大复兴具有深远意义。

第一，通过对浙江良渚、湖北石家河、山西陶寺、陕西石峁、河南二里头等都邑性遗址开展的大规模考古调查和发掘，对各个地区的中心性遗址（如河南双槐树和西坡、山东焦家、辽宁牛河梁、安徽凌家滩、湖北石家河、四川宝墩等）的考古工作，获得了一系列重要考古发现，证明距今5300年到4000年期间，各地区的文明化进程都有了很大发展。在农业和手工业生产发展的基础上，社会分工和贫富贵贱的分化加剧，出现了掌握军事指挥权与祭神权力、凌驾于社会之上的统治者——王和为其统治服务的官僚阶层，形成了较为稳定的、具有向心力的区域性政体——国家，相继进入初期文明社会。

第二，通过多学科研究，对黄河、长江、辽河流域各个地区都邑和中心性遗址的年代，自然环境的变化与各地区文明兴衰的关系，各地区文明形成时期农业和手工业的发展、重要资源的获取及其与各地区文明演进的关系有了较为全面的了解。研究结果表明，文明的起源、形成、发展是一个过程，是适宜的自然环境、农业和手工业的发展、精神领域的进步、社会组织结构的变化、不同文化之间的交流互动等多种因素共同作用的结果。

第三，通过多学科研究，对各地区文明之间交流互动、汇聚融合，最终形成以中原地区为中心的历史格局的过程有了比较清晰的认识，对各地区文明在中华文明形成过程中发挥的作用有了比较清晰的认识。中华大地各个区域之间早在距今七八千年前就发生了交流，稻作和粟作农业技术由此得以在各地传播，为各地文明发展奠定了经济基础。各地人们在相互交流中逐渐形成共同的信仰。在此过程中，中原地区汇聚了各地先进的文化因素，形成了中华文明多元一体格局深刻的思想基础，为统一多民族国家的形成和发展奠定了坚实思想基础。

第四，大量考古发现表明，中华文明是土生土长的，是在自身基础上起源、形成的，但并不是封闭的。在漫长的形成和发展过程中，中华文明与其他文明之间发生过各种各样的交流。大约距今5000年前，黄河上游地区就接受了起源于西亚地区古文明的制作铜器、栽培小麦、饲养黄牛和绵羊等新的技术。与此同时，起源于史前时期中国的稻、粟、黍的栽培也向西亚和其他地区传播。特别需要指出的是，中华文明在接受了西亚地区传来的冶金术后，对其加以消化吸收，大约在距今4300年前的黄河中游地区发明了泥范铸造铜铃乃至青铜容器的技术。到了夏、商朝，青铜容器制作工艺技术得到突飞猛进的发展，形成了在世界上首屈一指的青铜文明。

第五，最为重要的是，在中华文明探源工程实施过程中，我们坚持以辩证唯物主义和历史唯物主义为指导，坚持马克思主义关于“国家是文明社会的概括”的国家观，以国家的出现作为判断一个社会进入文明社会的根本标志，突破了判断进入文明社会“三要素”的桎梏。我们提出的进入文明社会的标志包括：生产发展、人口增加，出现城市；社会分工和社会分化，出现阶级；权力不断强化，出现王权和国家。我们还从中国各地有关文明起源的一系列考古发现中，总结出在没有发现当时文字资料的情况下如何从考古发现中判断一个社会进入文明阶段的关键特征，即出现了作为政治经济文化中心的都城、规模巨大且制作考究的宫殿或神庙、规模大且随葬品丰富的墓葬、形成表明尊贵身份的礼器和礼制、宽大壕沟或高大城墙以及大量武器随葬反映出的战争频发。上述判断进入文明社会的中国方案为丰富世界文明起源研究理论作出中国贡献。

中华文明探源工程使国人和全世界炎黄子孙得以了解中华文明起源、形成、发展的历史脉络，了解中华民族5000多年文明史是真实的历史。中华文明探源工程所揭示的中华文明丰富内涵、灿烂成就和对人类文明作出的重大贡献，极大地增强了中华民族的历史自信与文化自信，为实现中华民族伟大复兴提供源源不断的精神动力。

（作者为中国社会科学院历史学部主任、
中华文明探源工程第一到第四阶段首席专家）

# 探索文明起源需要多方发力

杨维军

考古遗迹和历史文物是历史的见证，历史文化遗产承载着中华民族的基因和血脉，不仅属于我们这一代人，也属于子孙后代。认识历史离不开考古学，考古工作是构建中华民族历史、展示中华文明瑰宝的重要工作。习近平总书记强调："要深入了解中华文明五千多年发展史，把中国文明历史研究引向深入""坚持多学科、多角度、多层次、全方位，密切考古学和历史学、人文科学和自然科学的联合攻关，拓宽研究时空范围和覆盖领域，进一步回答好中华文明起源、形成、发展的基本图景、内在机制以及各区域文明演进路径等重大问题"。我国古代历史中还有许多未知领域需要探索发现，在揭示本源的过程中，需要考古工作和历史研究协同发力，形成学术合力，推动中华文明探源工程取得更多成果。

习近平总书记指出，为更好总结历史经验、揭示历史规律、把握历史趋势，必须"整合历史研究资源和力量，提高研究水平和创新能力”。整合历史研究资源和力量，一个重要方面就是强化考古学与历史学融合，加强综合研究。考古学以人类活动的遗迹、遗物为研究对象，而历史学把传世、出土文献作为研究对象，二者的研究目的都是为了认识古人的物质生活、组织形式、精神文化等，探索其发展脉络，阐释其演变原因。两个学科既相互独立又密切联系、相辅相成，各自以特有的研究对象、内容、方法及叙述方式，或分工或协作完成对人类历史文化的探究、阐释。把考古工作和历史研究结合起来，可以超越传统文本书写的片面与偏见，更完整地揭示、复原人类的发展历程和图景。例如，稷下学宫是先秦时期学术文化成就的重要代表，但是，对于其始建年代、建于何处一直存在疑问。近年来，随着山东省淄博市齐故城小城西门外建筑基址群的考古发掘，从文献、方位、考古发现等多方面进行研究，确定稷下学宫的位置所在。可见，对文明起源、形成、发展历史脉络的探究是一个既复杂又漫长的系统工程，在缺乏足够文字记载的情况下，强化考古学与历史学融合发展，可以让我们更接近历史的真实。

考古发现的文化遗存是古人历史活动的产物，呈现的是不同时期的古代物质文化面貌、古人日常生产生活状态以及各地的文明发展进程等。运用生物学、分子生物学、化学、地学、物理学等学科的最新技术，科学分析文化遗址的年代、自然环境、人类体质特征和健康状况、农业、手工业、生产关系等状况，可以获取更加丰富、更加全面的古代人类活动信息，探究古代历史发展中的诸多细节。对于跨区域的历史研究和考古工作，可以借鉴推广已有的成熟经验，搭建能够协调各方面资源的工作平台和研究团队，把各方面力量整合起来开展研究。对于考古新发现的资料，发掘单位、收藏单位可与相关研究单位共享资源、协同开展研究。比如，2004年以来多家单位合作对甘肃省张家川县马家塬战国墓地进行了考古调查发掘，出土了罕见的金、银、铜、铁、玻璃、豪华二轮马车等殉葬器物，经过多学科联合攻关，揭示了丰富的历史文化信息，为研究西戎文化、秦戎关系、古代北方民族史、中国科技史以及中华文明多元一体格局演进历程等提供了新的实物证据。可见，把考古探索、文献研究同自然科学技术手段有机结合起来，能够为文明探源提供科技分析依据，从而更加准确地揭示文明起源、形成、发展的历史脉络。

习近平总书记指出："要同步做好我国'古代文明理论'和中华文明探源工程研究成果的宣传、推广、转化工作，加强对出土文物和遗址的研究阐释和展示传播，提升中华文明影响力和感召力。"对于没有文字记载的早期文明阶段，通过考古发掘找到更多信息，可以让遗迹遗物说话；对于有文字记载的历史阶段，通过考古发掘证经补史，可以让历史更加生动鲜活。百余年来，我国几代考古人筚路蓝缕、不懈努力，取得一系列重大发现，田野发掘点遍布祖国广袤大地，遗存涉及的时代纵贯万年，出土大量珍贵文物。但这些文化遗存并不会自动呈现其背后的古人行为、观念与当时的社会状况等。因此，考古工作者要会同历史学、人文科学、自然科学的专业人员，加强对考古资料的研究阐释和宣传展示工作，将其转化为新的历史知识，把我国文明起源和发展以及对人类文明进步事业作出的重大贡献更加清晰、更加全面地呈现出来。可以在确保质量的前提下，尽快发布阶段性研究成果和考古报告，讲好我国古代历史和中华文明故事。近年来，随着秦早期陵墓、祭祀、城址、生铁、冶金、水利、养马、造船等考古发现的披露，战国时期先民多彩生活画卷更加清晰地展现出来，进一步揭示了秦国崛起的原因，廓清了一些历史迷雾。可见，推出更多考古成果，做好考古成果的阐释、普及和宣传工作，挖掘文物和文化遗产的多重价值，将尘封的历史揭示出来，让厚重的历史易感知、更有趣、离大众更近，能够增强历史信度，丰富全社会历史文化滋养，更好传承文明薪火。

（作者为兰州大学西北少数民族研究中心教授）

# 中华文明为人类文明进步作出重大贡献

袁广阔

中华文明源远流长、博大精深，是中华民族独特的精神标识，是当代中国文化的根基，是维系全世界华人的精神纽带，也是中国文化创新的宝藏。经过百余年的持续努力，考古工作者与其他研究者一起，在揭示中华文明起源、形成、发展的历史脉络方面取得了令人瞩目的成就。马克思指出："凡是民族作为民族所做的事情，都是他们为人类社会而做的事情。"习近平总书记指出："在五千多年漫长文明发展史中，中国人民创造了璀璨夺目的中华文明，为人类文明进步事业作出了重大贡献。"中华文明为人类文明进步事业作出了哪些重大贡献？对此，可以从以下几方面来认识。

作物驯化与农业的出现。在向文明进化的过程中，作物的驯化具有重要意义。考古工作者在江西仙人洞、吊桶环遗址，湖南玉蟾岩遗址发现了水稻遗存，距今约1.2万年；在浙江上山遗址发现了炭化稻米，距今1万年左右。这些证据显示，水稻的驯化以及稻作农业的耕作方式，至迟在1万年前已经出现在长江中下游地区。在稻作遗存之外，北方地区发现了早期粟栽培的证据，考古发现的最早的栽培粟出自北京门头沟的东胡林遗址；内蒙古兴隆沟遗址也有同类粟作遗存，距今约8000年。同时，大豆的驯化与耕种也是早期农业的重要发现。中国是世界上最早种植水稻的国家，水稻种植的传播极大促进了不同地区农业的发展，使人们能够得到稳定的食物来源，不仅养育了人类，而且促进了人类文明的进步。

礼仪与礼制文明的形成。特定的礼器与礼制是中华文明发展的重要标志。新石器时代早期河南贾湖遗址证实，中国早在距今9000年时已有礼制活动。仰韶文化时期，开始出现礼器并形成相应礼制。龙山时期，黄河、长江中下游地区形成更成体系的礼制并使用成套的礼器。二里头文化时期，礼制发展更加完备，出现了“礼”“乐”的实物体现，礼制作为一种社会准则和行为规范，自此成为中国早期文明社会秩序的主要支柱。随着农业的发展，酿酒开始出现。仰韶文化遗址发现了10余处距今约6000年的酿酒遗址，原料以黍为主，兼有薏苡、小麦族、稻米、栝楼根和山药等。陕西石峁、山东尧王城等龙山文化遗址也出土了酒的残留物。早期酿酒技术的应用多与礼制活动相关，酒礼器成为礼制的重要组成部分。可以看出，中华文明早期礼制的出现，对商周的德治思想及后来儒家的敬天法祖、仁礼并举、忠孝节义等思想产生了极为深远的影响。礼制文明在稳定的礼器系统和完备的礼制建设中不断发展，并不断在世界范围燃亮中国礼仪之光。

文字的创制。中国象形文字的历史可以追溯到5000年前甚至更早。河南贾湖遗址的龟甲刻符，提供了8000年前早期先民开始探索文字的线索。河南洪山庙、阎村遗址出土大量故事类彩陶图案，揭示了6000年前的仰韶文化时期存在一个“文字画”时代。山西陶寺、浙江良渚、山东丁公等遗址发现了龙山时代少量的文字资料。近年来，不少学者发现商晚期部分器物上的铭文字形与同时代青铜器上的铭文字形存在明显差异，而是取象于二里头文化的礼器，表明它们的创制年代应该是在二里头时期，这为夏代已进入文字时代提供了重要佐证。从龙山时代、二里头文化到二里岗文化，再到殷墟，勾勒出早期中国文字连贯有序的演进序列：夏代的文字在商朝早期延续下来，并在商朝后期得到发展，从而形成了中国象形文字传统。源远流长的中国文字，对亚洲国家的文字、历史与文化产生了深远影响。

丝绸和粟作农业的发明与传播。中国是世界上最早养蚕缫丝的国家。丝绸是中华文明的重要发明，也是世界人民眼中古老东方文明的一个表征。在以郑州为中心的中原腹地不断发现仰韶文化时期的丝织品，这表明中国先民早在5000多年前已开始育蚕制丝。同时，仰韶文化的丝绸工艺还传播到周边，甚至影响到长江下游等地区。这为我们重新审视中原地区在中华文明起源中的地位和作用提供了重要线索。此外，粟黍农作最早驯化后，在仰韶文化时期迅速传播至整个黄河流域。而后，在距今5000年左右，粟作农业向西传播至河西走廊、新疆和中亚等地。与此同时，西亚起源的小麦、大麦经河西走廊传播到黄河流域。西渐的粟黍作物和东传的麦类作物对河西走廊及其邻近地区人类生业模式产生了重要影响，为史前时代东西方交流写下了浓墨重彩的一笔。

无论是作物的驯化、礼制的定型、文字的创制，还是丝绸和粟作农业的发明与传播，都是中华文明起源、形成、发展历史脉络以及史前文化交流与沟通的关键线索与代表物证。在这一过程中，村落渐为邦国，线条终成文字，祭祀催生礼制，中华文明多元一体、连绵不断、兼收并蓄的特质和格局逐步确立，为人类文明进步事业作出重大贡献的基石就此筑牢。

（作者为首都师范大学历史学院教授）

# 09 深刻理解和把握中国人的宇宙观、天下观、社会观、道德观

习近平总书记在主持十九届中央政治局第三十九次集体学习时强调：“要讲清楚中国是什么样的文明和什么样的国家，讲清楚中国人的宇宙观、天下观、社会观、道德观，展现中华文明的悠久历史和人文底蕴，促使世界读懂中国、读懂中国人民、读懂中国共产党、读懂中华民族。”中国人的宇宙观、天下观、社会观、道德观，内涵丰富、博大精深。习近平总书记指出：“中华文化崇尚和谐，中国‘和’文化源远流长，蕴涵着天人合一的宇宙观、协和万邦的国际观、和而不同的社会观、人心和善的道德观。”这为我们理解和把握中国人的宇宙观、天下观、社会观、道德观指明了路径。

——编　者

《人民日报》（2022年06月20日　第09版）

# 天人合一的内涵与时代价值

郭齐勇

对于宇宙观，中华优秀传统文化中有丰富表达。习近平总书记指出：“中华文明历来崇尚天人合一、道法自然，追求人与自然和谐共生。”中华宇宙观中蕴含的天人合一理念，集中体现着中华民族对整个宇宙以及人与宇宙万物关系的根本看法。讲清楚天人合一的内涵和意义，有助于人们深刻理解中国人的宇宙观及其对当今时代的重要价值。

关于人与宇宙的关系，中国古代不同思想家有不同主张。经过长期交流交锋，天人合一逐渐成为主流观点。这种观点强调人与宇宙的互动与和谐。孟子说“亲亲而仁民，仁民而爱物”，主张把对亲人的爱推及邻人、推及百姓，乃至推及万物万类。庄子说：“天地与我并生，而万物与我为一”，认为人可以提升自己的境界以“与天地精神往来”。《周易》中的“道”，综合天道、地道、人道，其中“天地”是万物之母，一切皆由其“生生”而来，“生生”是“天地”内在的创生力量。天道、地道、人道既是一个不断创生的系统，也是一个各类物种和谐共生的生命共同体，这就从自然规律的角度阐释了天人合一如何可能的问题。此后，宋代理学家张载讲“民吾同胞，物吾与也”，意即百姓是我的同胞，自然万物都是我们的兄弟，倡导要爱人类，也要爱自然万物。程颢说“仁者以天地万物为一体”，认为人的仁心仁性以天地万物为一体，要把爱给予他人和万物，使爱具有遍布于人与万物的普遍性。明代思想家王阳明的“一体之仁”说，把人所具有的仁爱之心由“爱人”扩展到“爱物”，从而把人与天地万物有机结合起来。

天人合一的宇宙观内含从万物相互联系出发而非孤立片面看待世界的观点，强调整个世界的有机关联。人与自然、人与人、人与社会之间是共生共存的关系。人不是孤零零的存在，人与草木、鸟兽、山水、沙石同在。按照这样的宇宙观，人与天地万物属于同一个大的生命共同体，这样就把人类的生存与宇宙万物的生存联系起来。当然，讲天人合一，并非把天与人直接等同起来。很多思想家认为天是天、人是人，天人合一是有区别的统一。例如，战国末期的荀子在《天论》中说：“天行有常”，即自然有自然的规律。他主张“明于天人之分”，即认识到天与人的职守不同；强调人在一定意义上，可以“制天命而用之”。唐代刘禹锡认为：“天与人交相胜耳”。柳宗元则强调，天与人“其事各行不相预”，即天与人各有其发挥作用的领域，彼此作用不可相互取代。可见，中国古人在讲天人合一时，也包含“天人相分”的意思，即有分有合、先分后合。

天人合一的宇宙观蕴含着中华文明的生存理念，在今天仍然具有重要价值。这一理念与西方近代以来人类中心主义的自然观截然不同。人类中心主义的自然观认为人是主体，人以外的生命和自然界均为客体，是人认识、利用和改造的对象。受人类中心主义自然观影响，人类自进入工业文明时代以来，在创造巨大物质财富的同时，也加速了对自然资源的攫取，打破了地球生态系统原有的循环和平衡，造成人与自然关系紧张。

天人合一的宇宙观建立在对人与天地万物一体同源的体悟之上，其中蕴含着人与自然万物共存共生的生命共同体意识，倡导人们对自然万物持有仁爱之心，将天地万物视作同自己紧密相连的存在，从而把天地人统一起来，把自然生态同人类文明联系起来，这为构建中国特色生态哲学提供了重要价值论参考。在天人合一的宇宙观中，不存在所谓绝对独立存在的客观自然，自然不是外在于人的“他者”。人与天地自然万物是共存关系，相即相容、相互依存、和谐共生，共同维持着整个生态系统的平衡，这为构建中国特色生态哲学提供了重要关系论参考。此外，天人合一的宇宙观还明确了人对于天地万物的责任和义务，为人的行为划定了红线，强调人类应当善待自然，按照自然规律活动，对自然心存敬畏，对自然资源取之有时、用之有度，维护人与自然万物之间的平衡，实现人与自然和谐共生，这为构建中国特色生态哲学、寻求永续发展之路提供了重要实践论启示。

我们要坚持以习近平生态文明思想为指导，汲取中华优秀传统文化中天人合一宇宙观的智慧，推动建设人与自然和谐共生的现代化。

（作者为武汉大学国学院教授）

# 弘扬中华民族协和万邦的天下观

叶小文

习近平总书记指出："中华文明自古就以开放包容闻名于世，在同其他文明的交流互鉴中不断焕发新的生命力。"在中华文明史上，协和万邦的理念一脉相承，集中体现着中国人特有的天下观。

中华文明是在同其他文明不断交流互鉴中形成的开放体系。亲仁善邻、协和万邦是中华文明一贯的处世之道，天下一家、世界大同是中华民族源远流长的思想传统。《尚书·尧典》中讲："克明俊德，以亲九族。九族既睦，平章百姓。百姓昭明，协和万邦。"这里所说的尧之"德"，是要让家族和睦；家族和睦之后再协调百姓，也就是协调各个家族之间的关系，以实现社会和睦；社会和睦之后再协调各邦国的利益，让各邦国都能够和谐合作。其中的"协和万邦"，在今天可以理解为协调不同国家之间的关系，促进各个国家相互尊重、相互合作、共同发展。

习近平总书记指出："以和为贵、和而不同、化干戈为玉帛、天下大同等理念在中国世代相传。"协和万邦的天下观，蕴涵"和气"、氤氲"和风"，彰显中华文明源远流长的"和"文化。《中庸》有云："中者，天下之大本也；和者，天下之达道也"。"和"文化是中华文明的精髓所在。"和"的核心精神，是相互承认、彼此尊重、和谐圆融。"和"的基础，在于和而不同、互相包容，求同存异、共生共长。"和"的途径，是以对话求理解，和睦相处；以共识求团结，和衷共济；以包容求和谐，共同发展。"和"的佳境，是各美其美、美人之美、美美与共、天下和美。

协和万邦的天下观，与各国人民对美好世界的追求相契合。西方近代人本主义思潮强调人作为个体的自由与权利，强调尊重人的本能欲望，这虽然促进了资本主义经济迅猛发展，但也带来个人主义的膨胀。今天，个别西方国家奉行自我优先的单边主义、保护主义、霸权主义，从某种程度上就是西方人本主义极端化的表现。当今时代，各国是相互依存、彼此融合的利益共同体，不能牺牲他国利益来谋求一己之利。人类文明百花园绚烂多彩，不同文明各有千秋，应坚持弘扬平等、互鉴、对话、包容的文明观，以文明交流超越文明隔阂，以文明互鉴超越文明冲突，以文明共存超越文明优越。因此，协和万邦的天下观在今天仍然闪耀着智慧光芒。

习近平总书记强调："在5000多年的文明发展中，中华民族一直追求和传承着和平、和睦、和谐的坚定理念。"在协和万邦的天下观感召下，以和为贵，与人为善，己所不欲、勿施于人等理念在中国代代相传，深深植根于中国人的精神中，充分体现在中国人的行为上。在处理对外关系时，中华民族积极开展对外交往通商，而不是对外侵略扩张；秉持保家卫国的爱国主义，而不是开疆拓土的殖民主义。古代中国长期是世界强国，但中国对外传播的是和平理念，输出的是丝绸、茶叶、瓷器等丰富物产。中国走和平发展道路，不是权宜之计，更不是外交辞令，而是从对历史、现实、未来的客观判断中得出的结论，是思想自信和实践自觉的有机统一。今天的中国，传承和弘扬协和万邦的天下观，既通过争取和平的国际环境来发展自己，又通过自己的发展来促进世界和平，以宽广胸怀理解不同文明对价值内涵的认识，尊重不同国家人民对自身发展道路的探索。事实证明，中国走和平发展道路，不是为了说服谁、取悦谁、安慰谁，而是基于自己的基本国情和文化传统，基于全人类的根本利益和长远利益作出的正确抉择。

协和万邦的天下观，蕴含着民胞物与、立己达人、家国一体、天下大同等中华优秀传统文化智慧，具有深刻的现实意义。当今世界正经历百年未有之大变局，大变局中充满不确定性。在诸多不确定性中有一点是确定的，这就是人类前途命运的休戚与共前所未有，各国相互联系和彼此依存比过去任何时候都更频繁、更紧密，整个世界日益成为你中有我、我中有你的命运共同体。中国坚定不移扩大开放，扎实推动共建“一带一路”高质量发展，既发展了自己，也造福了世界。把中华文明中协和万邦的理念讲深讲透，可以让世界看到中国推动人类共同发展、共享未来的积极贡献，不断为构建人类命运共同体凝聚共识、汇聚合力。

（作者为全国政协文化文史和学习委员会副主任）

# 坚持和而不同　促进社会和谐

王　立

中华文化崇尚和谐，中国“和”文化源远流长、内涵丰富。和而不同的社会观是中国“和”文化在社会领域的体现。我国古代思想家很早就提出了和同之辩的命题。西周末年的史伯提出“和实生物，同则不继”的思想，认为不同因素相互融合才能产生万物，如果简单把相同的东西叠加，不仅不能产生新的事物，还会使世界变得了无生机。《左传》记载了晏婴与齐侯的一段对话，从政治角度论及“和”与“同”的区别，认为君臣之间应当允许不同意见和看法，在彼此充分发表意见的基础上达成共识，这叫作“和”。在《论语》中，孔子进一步提出“君子和而不同，小人同而不和”，将和而不同的主张引申到人伦关系中。

和而不同的社会观是符合事物和社会关系发展规律的，蕴含着深刻的哲学和伦理智慧，因而成为中国人遵循的行为准则。这一社会观主张承认和尊重差异，在多样性中寻求统一，以达到“和”的目的。尊老爱幼、夫妻和睦、邻里团结，谅解宽容、与人为善，这是人与人之间的“和”；社会各阶层、各群体平等和谐，兼容而不冲突、协作而不对立、制衡而不掣肘、有序而不混乱，这是社会分工和社会内部的“和”。用我们今天的观点来看，“和”就是矛盾的双方在一定条件下达到统一而出现的状态。在这种状态下，人与人、人与社会、人与自然之间以及社会内部诸要素之间实现均衡、稳定、有序，相互依存，共生共荣。

在5000多年的文明发展中，中华民族一直追求和传承着和平、和睦、和谐的理念。以和为贵，与人为善，己所不欲、勿施于人等理念在中国代代相传，深深植根于中国人的精神中，体现在中国人的行为上。和而不同的社会观在很大程度上促进了人际关系和谐，发挥着尊重不同诉求、整合多重需求、协调化解矛盾等积极社会功能，因而在漫长历史发展中得到各个社会阶层普遍认同，具有强大的生命力。和而不同的事例在我国历史上很多见。例如，清代大臣张英劝诫家人礼让邻里，留下“六尺巷”的故事，体现出人际关系中以礼为先、以和为贵、以让为贤的行为风范；传统社会倡导的“无讼”理念，主张遇争谦让、息事避讼，尽量不通过打官司的方式解决纷争，彰显以和为贵的价值取向；明清时期州县和乡里设立申明亭和旌善亭，亭壁上书写善人善事、恶人恶事，教化人们崇德向善、敦亲睦邻，以营造良好乡风、淳朴民风；等等。

中华优秀传统文化中的思想理念和价值观念，既随着时间推移和时代变迁而不断更新，又有其自身的连续性和稳定性。和而不同的社会观在新的时代条件下不断丰富和发展，表现出新的理论形态和实践样态。例如，和而不同的社会观倡导的求同存异、兼收并蓄、沟通协商等理念，为社会主义协商民主提供了丰厚文化滋养。习近平总书记强调：“在中国社会主义制度下，有事好商量、众人的事情由众人商量，找到全社会意愿和要求的最大公约数，是人民民主的真谛。”在我国民主实践中，既强调选举民主的作用，又注重发挥协商民主的优势，人民通过广泛协商参与国家和社会事务，促进不同思想观点充分表达和深入交流，做到相互尊重、平等协商而不强加于人，遵循规则、有序协商而不各说各话，体谅包容、真诚协商而不偏激偏执，广泛凝聚了社会共识，促进了社会和谐稳定。

和而不同的社会观也是促进人类不同文明和谐发展、各国之间和平共处的智慧。当今世界，各国前途命运紧密相连，只有在尊重不同国家、不同文明的基础上平等交流、相互借鉴，才能共同发展、互利共赢。习近平总书记指出：“世界各国人民应该秉持‘天下一家’理念，彼此理解、求同存异，共同为构建人类命运共同体而努力”“要坚持对话而不对抗、拆墙而不筑墙、融合而不脱钩、包容而不排他，以公平正义为理念引领全球治理体系变革”。在尊重“不同”中寻求“共同”，在包容“不同”中谋求“大同”，这是对和而不同社会观的当代诠释，彰显着中国共产党为人类谋进步、为世界谋大同的智慧和担当，有助于凝聚共建和谐世界的最大公约数。

（作者为国家法官学院教授）

# 结合时代要求践行人心和善的道德观

吴潜涛

中华民族在5000多年文明发展中创造的中华道德文明，是中华民族独特的伦理精神标识，是激励中国人民树立高度文化自信和文化自觉的精神力量。深刻理解中华道德文明的科学内涵及其时代价值，对于丰富完善社会主义道德体系具有重要而深远的意义，能够为创造人类文明新形态的社会实践提供有力道德支撑。

道德观是人们对人与自身、人与他人、人与社会、人与自然伦理关系的系统认识和根本看法，是依靠社会舆论和劝说力量，用善恶进行评价的行为准则、规范体系。人心和善表征着心灵祥和安乐的状态，包含着崇德向善的道德要求，既体现一个人的道德修养，也是中华文化长期倡导的对待他人与社会的态度。人心和善是中国人精神领域的特质禀赋，彰显着中国人道德观的风格和气派。这种道德观在中国社会延续数千年，积淀了丰富内涵，具有重要意义。

人心和善是一种与人的存在和发展融为一体的道德要求。

《周易》提出“善不积不足以成名，恶不积不足以灭身”；老子提出“上善若水”；孟子主张“恻隐之心，人皆有之”“君子莫大乎与人为善”；等等，都把善与为人之本、安身立命联系在一起，体现着中国人崇德向善的美好追求。

人心和善是一种以“和合”价值理念为遵循的道德要求。中华传统文化中，对“和合”的表述很多。《诗经》中就有“既和且平，依我磬声”的说法；儒家倡导“大道之行，天下为公”；道家提出“万物负阴而抱阳，冲气以为和”；法家主张“和合故能谐”；墨家主张“兼爱”“尚同”；等等。“和合”成为中国传统社会的重要价值理念。在中国人的血脉中，作为道德的“善”同作为社会价值理念的“和”相辅相成、融为一体。“善”是“和”的基础，是“和”实现的道德支撑；“和”制约、规定着“善”，是“善”的价值引领和目标指向。《大学》中说的“格物、致知、诚意、正心、修身、齐家、治国、平天下”，就是对“和”与“善”关系的经典表述。由此可见，中国人的“和善”心性，不仅是对人的态度，也体现着天下为公的道义情怀。

人心和善是一种以仁爱为核心的道德要求。在中国文化中，和善并不是一个抽象的道德符号，而是有其具体规定的。《论语·颜渊》提到：“樊迟问仁，子曰：‘爱人。’”孔子还进一步阐明了仁爱的道德要求：“夫仁者，己欲立而立人，己欲达而达人。”“己所不欲，勿施于人”。儒家的“仁者爱人”思想，生动地勾勒了中国人的“和善”心性，体现着“推己及人”的道德境界。

在5000多年的中华文明发展史中，人心和善的道德观为中华民族生生不息、不断发展壮大提供了重要精神力量。它形成于中国传统的伦理关系之中，其蕴含的讲仁爱、崇正义、尚和合等价值理念，所体现的以和为贵、与人为善、助人为乐等传统美德，已深深植根于中国人的精神中，体现在中国人的行为上。无论时代发展到哪一步，这些闪光的美德规范永远不会过时，是支撑中华民族屹立于世界民族之林的坚强精神柱石。

中国特色社会主义进入新时代，在以习近平同志为核心的党中央坚强领导下，全党全国人民正意气风发地奋进在实现第二个百年奋斗目标的新征程上，弘扬全人类共同价值、创造人类文明新形态的实践呼唤着传承弘扬中华道德文明的智慧和精华。我们要坚持马克思主义道德观、社会主义道德观，充分认识人心和善的道德观的时代价值，不断推进中华传统美德创造性转化、创新性发展，赓续好中华民族的道德基因和血脉。坚持守正创新，不断推动人心和善的道德观与新时代公民道德建设相适应、与社会主义核心价值观的培育和践行相融合，更好构筑中华民族独特的价值追求和伦理精神。坚持问题意识和问题导向，深刻理解人心和善的道德观的核心要义，促进全体人民在理想信念、价值理念、道德观念上紧紧团结在一起，明确价值导向、弘扬美德义行，引导人们向上向善，自觉树立和践行社会主义核心价值观，追求更有高度、更有境界、更有品位的人生。

（作者为清华大学教授）

# 10 保护传承历史文化

中华民族有着悠久历史和灿烂文化，这是我们取之不尽、用之不竭的思想宝库。习近平总书记指出：“中华文明源远流长、博大精深，是中华民族独特的精神标识，是当代中国文化的根基，是维系全世界华人的精神纽带，也是中国文化创新的宝藏。”“我们一定要重视历史文化保护传承，保护好中华民族精神生生不息的根脉。”敬畏历史、敬畏文化，丰富全社会历史文化滋养，需要推动中华优秀传统文化创造性转化和创新性发展，加强历史研究、考古研究、古籍研究等方面工作。

——编　者

《人民日报》（2022年06月06日　第09版）

# 深刻认识古籍事业发展的意义和机遇

郝　平

中国是历史悠久的文明古国，拥有卷帙浩繁的古代文献典籍。这些古籍是中华民族的宝贵精神财富，是我们坚定文化自信的重要源泉。习近平总书记指出，要“深入挖掘古籍蕴含的哲学思想、人文精神、价值理念、道德规范，推动中华优秀传统文化创造性转化、创新性发展”。习近平总书记的重要讲话精神，进一步明确了新时代古籍工作的发展方向，为我们完善古籍工作体系、提升古籍工作质量、加快古籍资源转化利用提供了根本遵循。

古籍是中华文明的瑰宝，是中华民族的宝贵精神财富。中华民族历来重视文化传承，讲求“藏诸名山，传之其人”。所谓“义理、考据、辞章”之学，既是学术方法，也是对古籍工作的经验总结。通过对历代典籍的收藏、整理、研究，“辨章学术，考镜源流”，涌现出了许多学问家、思想家。中国历朝历代都提倡“盛世修典”，《永乐大典》《古今图书集成》《四库全书》等都是由国家主导、影响深远的文化工程。我们党高度重视古籍工作。新中国成立后，推动了点校“二十四史”等一系列古籍保护、整理与研究、利用工程，建立了一批专业的古籍出版机构，取得了很多前所未有的成就。1981年，党中央专门下发《关于整理我国古籍的指示》，明确和加强了党对古籍工作的领导。

党的十八大以来，习近平总书记对古籍工作给予高度重视和悉心指导。仅以北京大学为例，2013年，习近平总书记给考古文博学院2009级本科团支部全体同学回信；2014年，习近平总书记探望哲学家汤一介先生，了解《儒藏》编纂进展情况；2018年，习近平总书记与人文学科的多位学者亲切交流，与曾翻译《论语》《孙子兵法》等古籍的美籍汉学大师安乐哲教授交谈，希望他更多向国外介绍中国优秀传统文化。习近平总书记的谆谆教诲和殷殷嘱托，不仅为北京大学做好古籍工作提供了不竭动力，也为相关高校共同做好古籍保护、整理、出版等工作指明了前进方向。

高校是知识传承创新的殿堂和涵养精神文化的家园，也是推动古籍事业发展的一支重要力量。比如，历史学家、文献学家邓广铭先生，提出以年代、地理、职官、目录作为历史研究的“四把钥匙”，对古籍工作影响深远；北大很多学者为推进经典古籍和海外汉籍的整理研究不懈努力，不少高校还建立了古籍整理研究所（中心），设有古典文献专业，在专业人才培养、学科建设和学术发展等方面发挥了积极作用；全国高校古籍整理研究工作委员会主导完成了“七全一海”等大型古籍整理工程，袁行霈先生主持开展“新编新注十三经”工程，建立国际汉学家研修基地，着眼长远，开放包容，拓宽了古籍工作的视野和格局。

古籍工作不仅仅是少数人文学者皓首穷经的职业，更是一项事关赓续中华文脉、弘扬民族精神、建设文化强国、助力民族复兴的重要事业。进入新时代，研究阐释弘扬中华优秀传统文化的需求与日俱增，古籍工作进入新的历史发展阶段。面向未来，我们要认真学习贯彻习近平总书记重要讲话和重要指示精神，抓住用好古籍事业发展的新机遇。

持续做好古籍整理保护工作。完善工作体系，提升工作质量，持续抓好重大项目、重点项目的立项、论证和推进，如《全宋诗》《儒藏（精华编）》等古籍整理工作；继续推动相关高校古籍整理研究专业机构建设，通过平台、项目来带动工作开展、加强队伍建设，使古籍工作的规模和质量都得到提升，为研究中华优秀传统文化提供更加准确可靠、更加丰富的文献基础。

持续做好古籍研究阐释工作。经典古籍具有永恒的思想价值，要下大力气深入挖掘古籍里的哲学思想、人文精神、价值理念、道德规范，深入阐释中华文化发展的悠久历史、辉煌成就、宝贵经验，让“书写在古籍里的文字都活起来”，为推进马克思主义中国化、为培育和践行社会主义核心价值观提供助力。

加强学科建设和人才培养工作。加强古典文献专业等学科建设，通过协同创新推进“新文科”建设，利用好“中国古典学”等研究平台和“古典语文学”等跨学科人才培养项目，加强人文基础跨学科拔尖人才培养。加强古籍学科专业顶层设计和整体规划，进一步构建完善古籍人才培养体系，聚焦重大思想文化问题开展深度研究，确保古籍工作和文化传承创新事业始终有源头活水，始终后继有人。

推进古籍数字化工作。利用大数据、人工智能等新技术新方法，加快古籍资源的转化利用和传播普及。通过举办数字人文作品展、建立“中国典籍文献大数据分析平台”、建设“数字人文开放实验室”等方式方法，推动古籍数字化工作不断取得新进展。同时，通过开展中国古籍数字人文创意大会等创新活动，吸引社会各方面力量参与古籍智能化整理，推动形成古籍工作的新模式、新业态，让古籍工作在新时代焕发出勃勃生机。

（作者为北京大学校长、全国高校古籍整理研究工作委员会主任）

# 推进考古学与历史学融合发展

江林昌

习近平总书记强调："要加强统筹规划和科学布局，坚持多学科、多角度、多层次、全方位，密切考古学和历史学、人文科学和自然科学的联合攻关，拓宽研究时空范围和覆盖领域，进一步回答好中华文明起源、形成、发展的基本图景、内在机制以及各区域文明演进路径等重大问题。"自1921年我国现代考古学诞生以来，考古学就与历史学相互促进、共同发展。面向未来，我们要继续推进考古学与历史学融合发展，推出更多考古成果和历史研究成果，讲清楚中华文明的辉煌成就及其对人类文明发展的重大贡献，更加坚定文化自信，更好传承文明薪火。

## ◆ 融合发展取得丰硕学术成果

百年来，考古学和历史学携手并进、相互支持，考古学在历史文献线索的指导下不断推进，历史学吸收考古研究前沿成果而不断有新的突破。概括起来看，在中华文明史研究方面，考古学与历史学的融合发展主要取得了以下几方面学术成果。

纠正了“东周以上无史论”，延伸了中华文明的历史轴线。我国考古学已建立了从旧石器时代、新石器时代、青铜器时代到铁器时代百万年的考古学文化序列，并在历史文献研究基础上着重对夏商周三代活动范围作了全面的考古发掘与研究。在此基础上，20世纪90年代，国家实施“夏商周断代工程”，在司马迁《史记》西周晚期共和元年即公元前841年基础上，推出了一份完整的夏商周三代年表。在马克思主义唯物史观指导下，我国考古学以中国考古材料为依据，对历史学上的五帝时代大致对应的新石器时代晚期作了全面发掘与研究，特别是国家推动的“中华文明探源工程”，给出了中华文明起源的三段进程：公元前3800年—前3300年为文明萌芽阶段，公元前3300年—前2500年为文明起源阶段，公元前2500年—前2000年为文明形成阶段。这样，5000多年中华文明史得到了考古学与历史学的双重实证，延伸了历史轴线，增强了历史信度。

改变了“黄河文明一元论”，展示了中华文明多点起源的灿烂图景。中国地域辽阔，南北温差大，东西地势异。考古研究发现，5000多年前，中原地区的仰韶文化、海岱地区的大汶口文化、燕山以北的红山文化、长江下游的良渚文化、长江中游的屈家岭文化等都闪现出文明的火花，考古学家苏秉琦先生形象地称之为“满天星斗”。几代考古工作者经过努力，又将中华大地早期文明发展大致划分为中原文化区、海岱文化区、甘青文化区、江浙文化区、江汉文化区、巴蜀文化区、河套文化区、辽西文化区等区系。这些区系的发展是动态的，在各区系内有具体的变化组合，区系之间更有碰撞交流。这就改变了“黄河文明一元论”，在空间上展示了中华文明多点起源的灿烂图景，丰富了历史内容，活化了历史场景。

突破了西方文明理论，厘清了中华文明起源和发展的历史脉络。传统的西方文明理论以两河流域、尼罗河流域、印度河流域的古文明为基准，认为人类文明都是沿着一条河流而单线发展的，如古埃及文明沿尼罗河上游顺流而下，即由上游40多个“诺母”文明发展到下游的“统一王朝”。而中国古代文明起源阶段的文化区分布于多个山川河流，情况非常复杂，内涵更为丰富。考古工作者与历史研究工作者通过宏观梳理把握，揭示出中国在五帝时代文明起源的1000多年时间里，基本上表现为各个文化区“多元并行”而又相互影响的发展格局，到了夏商和西周早期文明1000多年的发展过程中，又表现为周边文化向中原地区汇聚的“多元一体”发展格局。这就突破了西方文明理论，厘清了中华文明起源和发展的历史脉络。

## ◆ 以科学路径强化融合发展

认识历史离不开考古学，考古工作取得进展也离不开历史学。考古学与历史学需要在增强融合意识、重视基础学科、开展比较研究上绵绵用力、久久为功。

增强融合意识。中国的学术传统本是“经史子集”一体，“文史哲”不分家。现代考古学的前身“金石学”也是为经史研究服务的，加强考古学与历史学的融合发展有着优良的民族学术传统基础。推进融合发展，需要进一步克服以往学科设置过细、学科界限划分过于严格带来的影响。要增强融合意识，让历史研究工作者更积极利用考古前沿信息，让考古工作者更好掌握古代文献典籍，并运用到文物研究工作中，在更大的学术格局中实现融合发展，彰显中国特色、中国风格、中国气派。

重视基础学科研究。中国独特的文明史造就了独特的古典学术。例如，中国的汉字从大汶口文化陶器刻画，发展到商周甲骨文、青铜铭文，到战国西秦大篆、东土六国“古文”，再到秦汉小篆、隶书，形成了形、音、义三位一体的民族特征。秦汉以后，围绕汉字产生的训诂学、音韵学、文字学，成为中国古典学术的重要内容。推进考古学与历史学融合发展，必须重视古代汉语、古典文献学、古典目录学、古典版本学等基础学科的学习与研究，在汲取其精华养分基础上实现融合发展。

开展比较研究。中国的考古研究与历史研究必须根据中国的国情展开。例如，考古学与历史学可以联合开展中国少数民族历史文化的调查与研究，从而揭示多民族国家不同民族文化之间的交流融合。在这方面，许多老一辈学者已经作出示范。

比如，徐中舒先生经常以二十四史中所记载的少数民族史料印证汉族历史文化的发展；杨向奎先生深入云南少数民族做社会学调查，从而领悟到屈原《天问》是一部伟大的民族史诗；冯汉骥先生开创西南少数民族考古，取得了重大成果；等等。这种比较研究方法，已成为推进考古学与历史学融合发展的有效途径。

### ◆ 更好认识和传承中华文明

推进考古学与历史学融合发展，是为了更好认识源远流长、博大精深的中华文明，更加坚定文化自信，激活中华优秀传统文化的生命力。

揭示中华文明起源标志。考古工作者可以与历史研究工作者一道，通过考古资料和历史文献进一步研究中华文明起源标志。例如，根据考古发掘可知，新石器时代晚期在黄河中下游、长江中下游以及辽西地区普遍存在大量玉器，而且其中的高规格玉器几乎都出自高规格的墓葬、宗教礼仪中心、大型聚落中心的宫城区内，这说明这些高规格玉器应该为部落首领所使用，是宗教权力、军事权力的象征。再根据传世文献《越绝书》的记载，黄帝之时“以玉为兵”。“以玉为兵”的时代正是五帝时代文明起源阶段。这一考古工作与历史研究互证的玉器时代，是中华文明所独有的，对于我们研究中华文明起源标志有所启示，需要进一步加强研究。

总结中华文明发展规律。按照马克思主义唯物史观，不同的地理环境决定不同的生产方式，而不同的生产方式又会产生不同的思维方式、社会制度、文化习俗等。我国考古发掘表明，中国古代的农牧生产与血缘关系，从原始氏族社会一直延续到文明社会，而且农业、畜牧业、手工业也因基于血缘宗族关系的管理模式而出现了“虽分工但不分家”的现象。中华文明自身独有的发展规律，还需要考古工作者与历史研究工作者联合开展深入研究。

激活中华优秀传统文化的生命力。考古成果和历史研究成果，有助于我们更好理解中华优秀传统文化。例如，中国古代的“天人合一”“自强不息”“厚德载物”“阴阳变化”等观念，“家国一体”“和而不同”“慎终追远”“敬老爱幼”“四海之内皆兄弟”“修身齐家治国平天下”等思想，都是中国独特历史文化和社会发展进程的产物。这些思想文化层面的讨论，都需要以考古学、历史学等深层次研究为基础。深刻揭示中华优秀传统文化超越时空的价值，推动其创造性转化、创新性发展，也有待于考古学与历史学携手合作、共同努力。

（作者为山东大学历史文化学院教授）

# 为中华优秀传统文化创新发展注入新动力

王震中

习近平总书记强调："中华优秀传统文化是中华文明的智慧结晶和精华所在，是中华民族的根和魂，是我们在世界文化激荡中站稳脚跟的根基。""要坚持守正创新，推动中华优秀传统文化同社会主义社会相适应，展示中华民族的独特精神标识，更好构筑中国精神、中国价值、中国力量。"习近平总书记的重要论述，深刻揭示了中华优秀传统文化的时代价值，为我们建设社会主义文化强国、铸就中华文化新辉煌提出了新要求、指明了新路径。近年来，随着中华优秀传统文化创造性转化和创新性发展深入推进，中华文明中跨越时空、超越国度、富有永恒魅力、具有当代价值的文化精神得到大力弘扬，为我们推进中国特色社会主义伟大事业提供了强大精神动力。新征程上，我们要坚持守正创新，不断为中华优秀传统文化创新发展注入新动力。

中华优秀传统文化源远流长、博大精深。在人与自然关系上，中华优秀传统文化中“天地与我并生，而万物与我为一”讲的是人与自然相和合。在伦理道德、个体修养方面，中华优秀传统文化讲“仁、义、礼、智、信”，即仁爱、正义、礼仪、智慧、诚信。在个人进取和担当方面，《易经》中的“天行健，君子以自强不息”讲的是刚健有为、自强不息的进取精神，而“先天下之忧而忧，后天下之乐而乐”“天下兴亡，匹夫有责”则彰显着担当精神。在国家治理方面，中华优秀传统文化强调“民惟邦本，本固邦宁”的民本思想，孔子提倡“为政以德”，《礼记·礼运》提倡“天下为公”。在国家形态结构方面，中华优秀传统文化追求“大一统”，成为中国人对于统一多民族国家的国家认同的重要思想文化基础，在漫长历史进程中促进了国家的统一和稳定。在国际关系方面，中华优秀传统文化推崇“协和万邦”“亲仁善邻”。中华优秀传统文化中的讲究和合、崇尚仁爱、崇尚正义、注重礼仪、誉美智慧、坚守诚信、重视民本、推崇善政、追求统一、向往大同、希望和平等内容，蕴含着丰富的哲学思想、人文精神、价值理念、道德规范，蕴藏着解决当代人类面临的难题的重要启示，具有永恒魅力和时代价值，需要我们大力弘扬，不断推动其创造性转化和创新性发展。

推动中华优秀传统文化创造性转化和创新性发展是一项系统工程，需要做好顶层设计、讲究方法路径。应当认识到，在历史长河中积淀形成的中华优秀传统文化并非一成不变，而是开放的、包容的、发展的，其内涵总是随着时代的发展而丰富发展：一方面，中华优秀传统文化总是随着自身所处社会的发展变化而与时俱进；另一方面，中华优秀传统文化总是通过吸收外来文化而不断丰富，通过与其他文化交流互鉴而创新发展。

今天，推动中华优秀传统文化创造性转化和创新性发展，一条重要路径就是做好中华优秀传统文化与科学文化相互融合、相互促进的工作。当前，新一轮科技革命和产业变革深入发展。“十四五”规划和2035年远景目标纲要强调要大力发展科学技术，提出“把科技自立自强作为国家发展的战略支撑”“深入实施科教兴国战略、人才强国战略、创新驱动发展战略，完善国家创新体系，加快建设科技强国。”发展科学文化，提倡科学精神，提高全民科学文化素质，不仅是大力发展科学技术的题中应有之义，也为我们推动中华优秀传统文化创造性转化和创新性发展提供了更宽广的视角、更有效的路径。比如，我们可以继承和创新中华优秀传统文化中蕴含的崇尚创新创造等思想，把科学研究中实事求是、尊重规律等科学精神融入中华优秀传统文化创造性转化和创新性发展中；把科学研究中的思维方式如辩证思维、实证思维、推演思维等方法论融入中华优秀传统文化创造性转化和创新性发展中；等等。还要认识到，中华优秀传统文化与科学文化是相辅相成的：一方面，中华优秀传统文化的创造性转化和创新性发展需要与科学文化的思想精髓相结合，增强创造性转化和创新性发展的动力；另一方面，科学文化也可以从中华优秀传统文化中汲取智慧、得到滋养，更好发挥造福社会、造福人类的功能。

融合带来创新，融合促进发展。与科学文化相结合推动中华优秀传统文化创造性转化和创新性发展，要始终坚持以马克思主义为指导，深入贯彻落实习近平总书记关于推动中华优秀传统文化创造性转化和创新性发展的重要论述精神，不断激活中华优秀传统文化的生命力，不断为中华优秀传统文化创新发展注入新鲜血液和强大动力。我们完全可以相信，坚持创造性转化和创新性发展，中华优秀传统文化必将展现更加旺盛的生命力，为人们认识和改造世界提供有益启迪，为国家和社会治理提供有益启示，为社会道德建设提供有益启发，更好构筑中国精神、中国价值、中国力量。

（作者为中国社会科学院大学特聘教授）

# 11 推进中国特色社会学创新发展

党的十八大以来，在习近平新时代中国特色社会主义思想科学指引下，我国社会建设全面加强，人民生活全方位改善，社会治理社会化、法治化、智能化、专业化水平大幅提升，发展了人民安居乐业、社会安定有序的良好局面，续写了社会长期稳定奇迹。深化对习近平总书记关于社会建设重要论述的研究，立足中国大地不断推进中国特色社会学知识创新、理论创新、方法创新，是中国社会学界肩负的重大任务。

——编　者

《人民日报》（2022年05月16日　第09版）

# 以历史思维推进中国社会学创新发展

李友梅

历史是一面镜子，映照文明发展的脉络，启示未来发展的方向。习近平总书记高度重视历史，指出“只有在整个人类发展的历史长河中，才能透视出历史运动的本质和时代发展的方向”，强调要“树立大历史观，从历史长河、时代大潮、全球风云中分析演变机理、探究历史规律，提出因应的战略策略”。中国社会学以探究社会发展规律和内在逻辑、反映社会变迁和时代进步、促进人的全面发展和社会全面进步为研究目的。习近平总书记的重要论述，为我们以历史思维推进中国社会学创新发展提供了根本遵循。

## ◆ 坚持历史唯物主义的世界观和方法论

习近平总书记指出：“历史研究是一切社会科学的基础，承担着‘究天人之际，通古今之变’的使命。”今天的世界是从昨天的世界发展而来的。今天我们遇到的很多事情可以在历史上找到影子，历史上发生的很多事情可以作为今天的镜鉴。任何社会现象或社会结构都具有历史关联性，都不是独立的、游离于时空的存在。因此，我们要从历史中汲取智慧营养，在马克思主义指导下，以历史思维推进中国社会学发展。

在新进中央委员会的委员、候补委员学习贯彻党的十八大精神研讨班开班式上，习近平总书记从6个时间段分析了社会主义思想从提出到现在的历史过程，指出“中国特色社会主义，是科学社会主义理论逻辑和中国社会发展历史逻辑的辩证统一，是根植于中国大地、反映中国人民意愿、适应中国和时代发展进步要求的科学社会主义”。在省部级主要领导干部学习贯彻党的十八届五中全会精神专题研讨班上，习近平总书记从时间和空间大角度审视我国发展，指出“从历史长过程看，我国经济发展历程中新状态、新格局、新阶段总是在不断形成，经济发展新常态是这个长过程的一个阶段。这完全符合事物发展螺旋式上升的运动规律”；习近平总书记结合历史与现实，从理论上、宏观上对新发展理念进行深入阐释，指出“新发展理念包含大量充满时代气息的新知识、新经验、新信息、新要求”。在全国生态环境保护大会上，习近平总书记在古今中外的历史比较当中深刻阐述了加强生态文明建设的重大意义，强调“生态文明建设是关系中华民族永续发展的根本大计”“坚决打好污染防治攻坚战”。在中央人才工作会议上，习近平总书记回顾了16世纪以来全球先后形成的5个科学和人才中心，指出“人类历史上，科技和人才总是向发展势头好、文明程度高、创新最活跃的地方集聚”“我国正处于政治最稳定、经济最繁荣、创新最活跃的时期，党的坚强领导和我国社会主义制度的政治优势，基础研究和应用基础研究实现重大突破，面向国家重大需求的战略高技术研究取得重要成果，应用研究引领产业向中高端迈进，为我们加快建设世界重要人才中心和创新高地创造了有利条件”；等等。这为我们借鉴历史经验、发现历史规律提供了科学指引。

当前，我们已经全面建成小康社会，开启了全面建设社会主义现代化国家新征程。这在中华民族发展史上具有里程碑意义。与之相适应，我国社会结构、社会关系、社会观念、社会行为方式等都在发生深刻变化，急需社会学者坚持大历史观，将这一系列变化置于历史发展的长河中进行分析研究。从方法论角度看，就是要坚定历史自信，坚持历史唯物主义，从5000多年中华文明史、500多年世界社会主义史、中国人民近代以来180多年斗争史、中国共产党100多年奋斗史、中华人民共和国70多年发展史、改革开放40多年实践史和新时代中国特色社会主义伟大实践中，探索社会主义发展规律、总结社会运行总体规律，为整合社会意识、推动社会和谐有序运行提供学理支撑。需要注意的是，西方社会学概念的产生有其特定历史文化情境，一些概念并不适合用来分析和解释我国社会现象，如果不加辨别地拿来使用，很容易得出错误结论。中国社会学要坚持为社会主义现代化建设服务、为人民服务，运用科学方法探索解决中华民族在从富起来到强起来伟大飞跃中面临的矛盾与挑战，建构中国自主的社会学知识体系，提炼出具有学术主体性的社会学表达，以优秀研究成果为实现中华民族伟大复兴提供思想支撑，向世界传递“中国之治”的社会学密码。

## ◆ 从中华优秀传统文化中汲取丰厚滋养

文化是一个国家、一个民族的灵魂。每一个国家和民族的文化都扎根于本国本民族土壤之中，都有自己的特色和长处。中华民族有着深厚文化传统，形成了富有特色的思想体系，体现了中国人几千年来积累的知识智慧和理性思辨。这是我国的独特优势，也是文化自信的根源。习近平总书记指出：“从先秦子学、两汉经学、魏晋玄学，到隋唐佛学、儒释道合流、宋明理学，经历了数个学术思想繁荣时期。在漫漫历史长河中，中华民族产生了儒、释、道、墨、名、法、阴阳、农、杂、兵等各家学说，涌现了老子、孔子、庄子、孟子、荀子、韩非子、董仲舒、王充、何晏、王弼、韩愈、周敦颐、程颢、程颐、朱熹、陆九渊、王守仁、李贽、黄宗羲、顾炎武、王夫之、康有为、梁启超、孙中山、鲁迅等一大批思想大家，留下了浩如烟海的文化遗产。中国古代大量鸿篇巨制中包含着丰富的哲学社会科学内容、治国理政智慧，为古人认识世界、改造世界提供了重要依据，也为中华文明提供了重要内容，为人类文明作出了重大贡献。”

早在20世纪30年代，我国社会学者就认识到，中国社会学一定要“植根于中国土壤之中”。他们没有囿于西方理论的窠臼，而是坚持“从实求知”“实事求是”，提出“社会学中国化”的主张，从中华优秀传统文化的角度理解和把握中国社会特质、探寻社会发展规律。新中国成立后特别是改革开放以来，我国社会学者坚持这条学术路线，在马克思主义指导下扎扎实实开展了大量调查研究，深入了解中国国情和社情，为社会学中国化和中国社会学发展作出了重大贡献。

推动中国社会学创新发展，既要通过更好认识中国文化来更好认识世界，又要通过更好认识其他国家文化来更好认识中国。当今世界正经历百年未有之大变局。当前，百年变局加速演进，外部环境更趋复杂严峻和不确定。西方一些国家的现状已然证明，西方社会学理论和实践具有局限性。我国社会学者应坚定文化自信，立足中国国情，自觉以回答中国之问、世界之问、人民之问、时代之问为学术己任，提出自己的见解。我们坚信，从中国土壤中必定能够生长出正确回答中国问题的中国社会学，能够发展起对人类面临的共同问题作出科学回答的中国学术。

### ◆ 坚持以人民为中心的研究导向

坚持以马克思主义为指导，是当代中国哲学社会科学区别于其他哲学社会科学的根本标志。坚持以马克思主义为指导，首先要正确认识人民群众在历史发展中的作用，解决好为什么人的问题。马克思指出："整个所谓世界历史不外是人通过人的劳动而诞生的过程，是自然界对人来说的生成过程。"马克思主义认为，人民是社会物质财富和精神财富的创造者，是实现社会变革的决定力量，是历史的创造者。我国社会学者要有所作为，必须坚持以人民为中心的研究导向，坚持人民是历史创造者的观点，树立为人民做学问的理想，尊重人民主体地位，聚焦人民实践创造，自觉把个人学术追求同国家和民族发展紧紧联系在一起，努力多出经得起实践、人民、历史检验的研究成果。

中国社会学一直努力以学术服务人民。老一辈社会学者把"志在富民"作为研究宗旨，走向农村、走向基层、走向群众，在"行行重行行"中研究和思考如何让广大农民普遍富裕起来。这正是中国社会学为人民服务的生动体现。

进入新发展阶段，中国社会学面临着前所未有的发展机遇，也面临着时代发展带来的新挑战与新要求。必须始终坚持以人民为中心的立场和研究导向，把实现社会公平正义、维护最广大人民根本利益作为研究的根本出发点，始终以社会重大问题牵引理论创新，将研究扎根于人民之中，大力发展面向人民的社会学。坚持一切为了人民，加强对教育、就业、收入分配、社会福利与社会保障、住房、医疗健康、养老、扶贫等有关保障和改善民生的社会学研究，提出有根有据、合情合理的政策建议，不断创新社会学理论体系；聚焦人民实践创造，深入基层、深入社区，围绕保持活力与秩序的有机统一，不断总结广大人民参与社会治理的实践经验，提炼出具有中国特色的社会治理理论，为建设人人有责、人人尽责、人人享有的社会治理共同体，构建基层社会治理新格局贡献智慧；推动共享发展成果，加强对改善收入和财富分配、扩大中等收入群体、缩小城乡差距等问题的研究，为推动人的全面发展、全体人民共同富裕提供理论支撑。

（作者为上海市习近平新时代中国特色社会主义思想研究中心研究员）

# 基于中国式现代化建构中国社会学知识体系

尉建文

中国是世界最大发展中国家，中国实现现代化，是人类历史上前所未有的伟大变革，意味着比现在所有发达国家人口总和还要多的中国人民将进入现代化行列。回顾社会学发展史，现代化发展进程中的每一个阶段，都催生了具有世界影响的社会学理论。新中国成立后特别是改革开放以来，我们党团结带领人民创造了世所罕见的经济快速发展和社会长期稳定两大奇迹，成功走出了中国式现代化道路。中国式现代化的伟大实践，必将为中国社会学的创新发展提供强大动力和广阔空间。

20世纪五六十年代，以西方现代化理论为基础的发展社会学逐渐兴起，旨在研究解决一些国家特别是发展中国家的现代化问题。然而，从20世纪70年代以来，这些理论不断受到质疑和挑战。首先，其理论本身呈现的直线性、简单化、趋同化，及其以西方发达国家发展实践和经验为前提预设等缺陷广受诟病。其次，随着经济社会发展，被其视为现代化典范的西方发达国家逐渐暴露出环境污染、能源紧张、经济滞胀、贫富差距拉大等问题。最后，一些发展中国家简单照搬西方现代化模式受挫，与发达国家之间的差距越拉越大。

我国现代化同西方发达国家有很大不同。西方发达国家是一个“串联式”的发展过程，工业化、城镇化、农业现代化、信息化顺序发展，发展到目前水平用了200多年时间。我国发展是一个“并联式”的过程，工业化、信息化、城镇化、农业现代化是叠加发展的。习近平总书记指出：“我们所推进的现代化，既有各国现代化的共同特征，更有基于国情的中国特色”“我国现代化是人口规模巨大的现代化，是全体人民共同富裕的现代化，是物质文明和精神文明相协调的现代化，是人与自然和谐共生的现代化，是走和平发展道路的现代化”“只有坚持以人民为中心的发展思想，坚持发展为了人民、发展依靠人民、发展成果由人民共享，才会有正确的发展观、现代化观”“全面建设社会主义现代化，一个地区、一个民族都不能落下，同时我国区域差异大、发展不平衡，现代化进程不可能齐步走，要鼓励有条件的地区率先实现现代化，支持带动其他地区实现现代化。”习近平总书记的重要论述，对中国式现代化发展实践作出了高度概括，指明了我国现代化建设必须坚持的方向，为基于中国式现代化实践的中国社会学创新发展提供了思想指引。中国式现代化破解了人类社会发展的诸多难题，摒弃了西方以资本为中心的现代化、两极分化的现代化、物质主义膨胀的现代化、对外扩张掠夺的现代化老路，破除了“现代化就是西方化”的迷思，充分表明世界上既不存在定于一尊的现代化模式，也不存在放之四海而皆准的现代化标准。

在中国式现代化实践的基础上，中国社会学以中国为观照、以时代为观照，立足中国实际，解决中国问题，完全可以建构中国自主的知识体系。这就要求中国社会学者紧扣时代脉搏，围绕我国现代化发展理念、发展动力、发展目标和发展优势等一系列重大课题，总结中国式现代化的运行机制、比较优势和约束条件等，探索并深化对中国式现代化的规律性认识，在更好服务社会主义现代化国家建设的同时，拓展发展中国家走向现代化的途径，为人类对更好社会制度的探索提供中国方案。

深化对现代社会结构的研究。社会结构是社会学的一个重要概念。研究表明，“两头小，中间大”的橄榄型社会结构最有利于社会稳定。中国式现代化是一个世所罕见的巨大社会结构转型过程，即从农业社会、乡村社会、传统社会向工业社会、城镇社会、现代社会转变，其中必然伴随着各种风险与挑战。中国社会学者要深入开展调查研究，围绕构建形成现代橄榄型社会结构，探索并总结中国在调整劳动力供给关系、适应职业结构变动、优化收入分配格局、积极应对人口老龄化等方面的经验，为实现基本公共服务均等化、缩小城乡区域发展差距和居民生活水平差距、扩大中等收入群体规模、实现全体人民共同富裕提供理论支撑。

深化对社会治理现代化的研究。社会建设和社会治理是中国式现代化的重要内容。面对丰富的社会治理实践，中国社会学需要形成更贴近实践的理论话语，创新社会治理研究的理论范式和研究方法，着力解决固根基、扬优势、补短板、强弱项等方面的重大问题，丰富和完善社会治理体系，建设人人有责、人人尽责、人人享有的社会治理共同体，形成共建共治共享的社会治理制度。坚持创新社会学的学科体系、学术体系、话语体系，通过比较中外社会治理实践，系统阐述当代中国社会治理创新的核心价值理念，深入阐释“中国之治”。

深化对促进人的全面发展的研究。在我国，现代化实际上是促进人的全面发展、社会全面进步的过程。西方一些国家在现代化过程中忽视了人的全面发展，带来种种社会问题。中国式现代化则致力于实现人的全面发展。这需要中国社会学研究坚持以人民为中心，适应社会主义现代化建设需要，在培育有理想、有道德、有文化、有纪律的社会主义公民，提高整个中华民族的思想道德素质和科学文化素质方面有所建树。

以辩证的、全面的、平衡的观点观察和研究物质文明和精神文明的关系，为实现物质文明和精神文明相协调的现代化提供学理支撑。

深化对构建人类命运共同体的研究。中国式现代化与构建人类命运共同体紧密相联。无论过去、现在还是将来，中国式现代化始终是同世界各国互利共赢的进程，走的是一条和平发展的现代化新路，既发展自身又造福世界。这需要中国社会学研究的视野不能局限于一国自身，而应从中国和世界的交流互动中，探讨如何积极应对和解决气候变化等共同挑战、如何增进文明交流互鉴、如何弘扬全人类共同价值，为构建人类命运共同体贡献中国智慧、中国方案。

（作者为北京师范大学社会学院教授）

# 守正创新开展中国特色社会主义社会治理研究

李培志

社会治理是社会建设的重大任务，是国家治理的重要内容。习近平总书记指出："一个现代化的社会，应该既充满活力又拥有良好秩序，呈现出活力和秩序有机统一。"作为我国社会学研究的一个重要领域，社会治理研究主要回答如何更好统筹社会力量、平衡社会利益、调节社会关系、规范社会行为，使我国社会在深刻变革中既生机勃勃又井然有序。党的十八大以来，习近平总书记发表了一系列关于中国特色社会主义社会治理的重要论述，为创新发展中国特色社会主义社会治理理论提供了根本遵循和科学指引。

习近平总书记指出："一个国家选择什么样的治理体系，是由这个国家的历史传承、文化传统、经济社会发展水平决定的，是由这个国家的人民决定的。"中华民族有着5000多年的文明史，优秀传统文化涵养着中国社会绵延发展，孕育了独具特色的治理思想。比如，“事在四方，要在中央”“民惟邦本，本固邦宁”“奉法者强则国强，奉法者弱则国弱”；等等。这为我国当代社会治理提供了丰富的思想资源。中国共产党既是中国先进文化的积极引领者和践行者，又是中华优秀传统文化的忠实传承者和弘扬者。我们党一经诞生就把为中国人民谋幸福、为中华民族谋复兴确立为自己的初心使命，成为中国人民和中华民族最可靠的主心骨。在百年奋斗历程中，党与人民风雨同舟、生死与共，始终保持血肉联系。在社会治理中，我们党始终坚持以人民为中心推动社会建设，坚持以人民为中心推动社会治理创新。中国社会学者绝不能简单套用西方治理理论来分析我国社会治理实践，而要始终坚持以马克思主义为指导。应该认识到，我国的社会治理是国家治理格局下的社会治理，其制度安排要与国家治理高度契合。社会治理的一切工作和活动都依照中国特色社会主义制度展开，是在党的领导下的系统治理、依法治理、综合治理、源头治理，是在保持社会秩序和谐稳定的同时激发全体人民参与社会主义现代化建设活力的积极治理。当前，一些西方国家贫富分化、中产阶层塌陷导致社会撕裂、政治极化、民粹主义泛滥，已经将西方治理理论的困境暴露无遗。作为社会学者，更要充分认识到西方治理理论的弊端，立足中国实践，创新发展中国特色社会主义社会治理理论。

习近平总书记指出：“坚定不移走中国特色社会主义社会治理之路，善于把党的领导和我国社会主义制度优势转化为社会治理优势，从我国实际出发，遵循治理规律，把握时代特征，加强和创新社会治理，不断完善中国特色社会主义社会治理体系”“要完善共建共治共享的社会治理制度，实现政府治理同社会调节、居民自治良性互动，建设人人有责、人人尽责、人人享有的社会治理共同体”“增强社会治理整体性和协同性，提高预测预警预防各类风险能力，增强社会治理预见性、精准性、高效性”“提高社会治理社会化、法治化、智能化、专业化水平”“要加强和创新基层社会治理，使每个社会细胞都健康活跃”“树立全周期的城市健康管理理念，增强社会治理总体效能”“着力推进市域社会治理现代化试点，努力建设更高水平的平安中国、法治中国”；等等。习近平总书记的重要论述，为我国社会建设和中国特色社会主义社会治理创新指明了方向、提供了根本遵循。党的十八大以来，我国社会建设全面加强，人民安居乐业、社会安定有序，续写了社会长期稳定奇迹。中国特色社会主义社会治理之路，充分发挥中国特色社会主义的政治优势和制度优势，使“中国之治”与“西方之乱”的对比更加鲜明。

我们要在习近平新时代中国特色社会主义思想指导下，立足我国国情加强和创新社会治理，守正创新开展社会治理研究。一方面，深入开展田野调查，及时总结各地区推动社会治理创新的鲜活经验，增强理论自觉，善于提炼社会治理标识性概念，深入阐释中国特色社会主义社会治理的历史逻辑、理论逻辑、实践逻辑，为新时代社会治理创新提供学术养分和学理支撑。另一方面，积极促进社会治理基础理论研究与应用对策研究融合发展，不断研究新情况、解决新问题，深入认识社会治理内涵及其表现形态，着力提高理论解释力；在实践中应用理论、检验理论，让社会治理政策创新符合实际、更有针对性和可操作性。

（作者为天津社会科学院社会学研究所所长）

# 12 丰富发展中国特色社会主义政治经济学

党的十八大以来，在习近平新时代中国特色社会主义经济思想科学指引下，我国经济迈上更高质量、更有效率、更加公平、更可持续、更为安全的发展之路。习近平新时代中国特色社会主义经济思想是中国特色社会主义政治经济学的最新成果，开拓了马克思主义政治经济学新境界，书写了马克思主义政治经济学新篇章。深化对习近平新时代中国特色社会主义经济思想的研究，立足中国大地不断丰富发展中国特色社会主义政治经济学，是中国经济学界要完成好的重大任务。

——编　者

《人民日报》（2022年02月14日　第07版）

# 开拓马克思主义政治经济学新境界

张雷声

习近平新时代中国特色社会主义经济思想开拓了马克思主义政治经济学新境界，是科学完备、逻辑严密的理论体系。深化对习近平新时代中国特色社会主义经济思想的学理化研究，需要深入把握这一重大思想的标识性范畴和内在逻辑。

## ◆ 深入研究把握标识性范畴

范畴是思想的聚合点，是一门科学的基本元素。标识性范畴是把握一门科学的思想脉络和核心观点的“路标”。标识性范畴的意义主要在于：第一，它是一门科学的思想见解、理论内涵、逻辑体系的枢纽，并使理论内容具有高度概括性、稳定性、开放性。第二，它是思想体系中的核心概念，既引领思想逻辑的展开，也反映思想体系的继承性、创新性。恩格斯指出：“一门科学提出的每一种新见解都包含这门科学的术语的革命。”马克思正是通过“术语的革命”实现了政治经济学的理论创新。习近平新时代中国特色社会主义经济思想所提炼和形成的反映新见解和新理论的标识性范畴，正是一场“术语的革命”。

直接体现习近平新时代中国特色社会主义经济思想理论特色、理论创新、理论创造的标识性范畴，大体可以分为两类：一类是在对新时代中国特色社会主义经济发展实践经验进行总结的基础上，提炼出的具有原创性贡献的范畴，如新常态、新发展理念、新发展阶段、新发展格局、高质量发展、供给侧结构性改革、现代化经济体系、开放型经济新体制等；一类是立足新时代中国特色社会主义经济发展实践，对马克思主义政治经济学中已有范畴进行内涵上丰富、外延上拓展、具有创新性贡献的范畴，如社会主义基本经济制度、政府和市场关系、混合所有制经济、分配结构、脱贫攻坚、共同富裕、社会主义现代化等。深化对习近平新时代中国特色社会主义经济思想的学理化研究，就要深入研究这些范畴的时代背景、科学内涵、理论意义和实践指导作用。

比如，在具有原创性贡献的范畴中，新常态是在对我国经济发展处于增长速度换挡期、结构调整阵痛期和前期刺激政策消化期“三期叠加”阶段进行准确判断的基础上提出来的，使我们对我国经济发展阶段新变化的认识和把握更加深入准确，使经济工作更加符合客观规律要求；新发展理念是针对我国发展中的突出矛盾和问题提出来的，是我国进入新发展阶段、构建新发展格局的战略指引，是我国现代化建设的指导原则；新发展格局是根据我国发展阶段、环境、条件变化，特别是基于我国比较优势变化提出来的，明确了我国经济现代化的路径选择；高质量发展是适应我国社会主要矛盾变化和全面建设社会主义现代化国家要求提出来的，是体现新发展理念的发展，明确了“十四五”乃至更长时期我国经济社会发展的主题，明确了在新时代实现共同富裕的前提基础和必然路径。供给侧结构性改革、现代化经济体系、开放型经济新体制、共建“一带一路”、全球发展倡议等具有原创性贡献的范畴，也都有着丰富的理论内涵、重大的理论创新意义和实践指导意义。

又如，在具有创新性贡献的范畴中，党的十五大把“公有制为主体、多种所有制经济共同发展”确立为我国的基本经济制度，习近平总书记对社会主义基本经济制度范畴的内涵作出了切合新时代中国特色社会主义经济发展实践的拓展。公有制为主体、多种所有制经济共同发展，决定着我国基本经济制度的根本性质和发展方向；按劳分配为主体、多种分配方式并存，是有利于充分调动各方面积极性、实现效率和公平有机统一的分配制度；社会主义市场经济体制既具有市场经济的长处，又具有社会主义制度的优越性。将这三项制度共同作为基本经济制度，是中国特色社会主义政治经济学的重大理论创新。

在习近平新时代中国特色社会主义经济思想的理论体系

中，标识性范畴是理论创新、理论创造的集中体现，起着引领逻辑推进、逻辑发展的作用，凸显这一重大思想对马克思主义政治经济学的继承和发展，标注我们党对经济社会发展规律认识的新高度。

## ◆ 深入研究把握内容体系和内在逻辑

习近平新时代中国特色社会主义经济思想的理论体系由经济理念、经济制度、经济发展、经济战略等方面内容构成，体现了我们党对马克思主义政治经济学认识的进一步深化、拓展和创新，反映了生产力与生产关系的辩证关系和社会主义本质的内在要求，从经济视角科学回答了新时代坚持和发展什么样的中国特色社会主义、怎样坚持和发展中国特色社会主义，建设什么样的社会主义现代化强国、怎样建设社会主义现代化强国，建设什么样的长期执政的马克思主义政党、怎样建设长期执政的马克思主义政党等重大时代课题。

经济理念方面的内容体现习近平新时代中国特色社会主义经济思想的根本立场和价值导向，指引中国特色社会主义经济建设的正确方向。习近平新时代中国特色社会主义经济思想的理论创新和实践创新，始终坚持“中国特色社会主义是社会主义，不是别的什么主义”这条基本原则，强调解放和发展社会生产力，增强社会主义国家的综合国力，是社会主义的本质要求和根本任务；消除贫困、改善民生、实现共同富裕，是中国特色社会主义的本质要求，是中国共产党的重要使命；加强党对经济工作的领导，全面提高党领导经济工作水平，是坚持民主集中制的必然要求，也是我们政治制度的优势。这些重大理论观点，坚持和发展了我们党关于社会主义本质的理论，深化了对中国特色社会主义本质的认识。理念是行动的先导。发展理念具有战略性、纲领性、引领性，是发展思路、发展方向、发展着力点的集中体现。创新、协调、绿色、开放、共享的新发展理念是习近平新时代中国特色社会主义经济思想的主要内容，强调坚持以人民为中心的发展思想，使创新成为第一动力、协调成为内生特点、绿色成为普遍形态、开放成为必由之路、共享成为根本目的，阐明了我们党关于发展的政治立场、价值导向、发展模式、发展道路等重大政治问题，有力指导了我国新的发展实践。

经济制度方面的内容确保我国经济制度的社会主义属性，使经济发展具有坚实制度保障。比如，习近平总书记在关于公有制为主体、多种所有制经济共同发展的所有制结构分析中，提出坚持“两个毫不动摇”，支持国有资本和国有企业做强做优做大，构建亲清政商关系、促进非公有制经济健康发展和非公有制经济人士健康成长等重大理论观点；在关于按劳分配为主体、多种分配方式并存的分配制度分析中，提出建设体现效率、促进公平的收入分配体系，构建初次分配、再分配、三次分配协调配套的基础性制度安排，使全体人民朝着共同富裕目标扎实迈进等重大理论观点；在关于社会主义市场经济体制的分析中，提出要健全社会主义市场经济条件下新型举国体制，充分发挥市场在资源配置中的决定性作用，更好发挥政府作用，推动有效市场和有为政府更好结合等重大理论观点。习近平新时代中国特色社会主义经济思想在经济制度方面的一系列原创性思想和重大理论观点，巩固和增强了中国特色社会主义的经济基础，确保经济制度的社会主义属性，为新时代我国构建更加有效管用、逻辑贯通、衔接匹配的经济制度体系提供了根本遵循。

经济发展方面的内容科学回答了关于新时代经济发展的一系列理论和实践问题。习近平新时代中国特色社会主义经济思想鲜明提出增进民生福祉是发展的根本目的，强调完整、准确、全面贯彻新发展理念，创造性地提出了推动经济高质量发展的理论；基于我国经济发展进入新常态，提出了关于供给侧结构性改革的理论，提出了建设现代化经济体系的战略目标和重要举措；基于我国进入新发展阶段，作出“统筹中华民族伟大复兴战略全局和世界百年未有之大变局”的重大论断，提出了关于构建新发展格局的理论；基于中国特色社会主义现代化建设实践，提出了中国式现代化道路和人类文明新形态的重大思想；等等。习近平新时代中国特色社会主义经济思想在经济发展方面的一系列原创性思想和重大理论观点，系统回答了经济形势怎么看、经济工作怎么干、社会主义经济现代化怎么建的问题，为实现更高质量、更有效率、更加公平、更可持续、更为安全的发展提供了科学理论指导。

经济战略方面的内容明确了做好新时代经济工作的战略抓手。比如，着眼于推动高质量发展和更好满足人民美好生活需要，提出深入实施科教兴国战略、人才强国战略、创新驱动发展战略、制造强国战略、知识产权强国战略、自由贸易区战略等。着眼于解决区域发展不平衡问题，提出深入实施京津冀协同发展、长江经济带发展、粤港澳大湾区建设、长三角一体化发展、黄河流域生态保护和高质量发展等区域重大战略和深入推进西部大开发、东北全面振兴、中部地区崛起、东部率先发展等区域协调发展战略。着眼于促进城乡协调发展，提出实施乡村振兴战略和深入推进以人为核心的新型城镇化战略。着眼于促进全球共同发展繁荣、推动构建人类命运共同体，提出并推动共建“一带一路”等。着眼于统筹发展和安全，提出深入实施粮食安全战略、能源资源安全战略、金融安全战略等。习近平新时代中国特色社会主义经济思想关于经济战略方面的内容，明确了各项经济工作的战略抓手，明确了贯彻落实重大思想的实践路径，使习近平新时代中国特色社会主义经济思想形成了从实践到理论再到实践，从认识规律、掌握规律再到运用规律的完整逻辑链条。

（作者为中国人民大学马克思主义学院教授）

# 马克思主义生态经济理论的原创性发展

白瑞雪　白暴力

马克思主义经典作家的著述中蕴含着丰富的生态经济理论。党的十八大以来，习近平总书记发表了一系列关于绿色发展的重要论述。这些重要论述，继承和发展马克思主义生态经济理论，准确把握人与自然的关系，深刻阐明尊重自然、顺应自然、保护自然的重要性和必要性，深入分析保护生态环境和保护生产力的辩证统一，科学解答人类可持续发展等重要问题，为推动我国经济社会发展全面绿色转型提供了科学理论指导，为实现人类可持续发展贡献了中国智慧。

提出人与自然是生命共同体的重大论断。习近平总书记指出："自然是生命之母，人与自然是生命共同体""人的命脉在田，田的命脉在水，水的命脉在山，山的命脉在土，土的命脉在林和草，这个生命共同体是人类生存发展的物质基础"。人因自然而生，人与自然是一种共生关系，对自然的保护会惠及人类，对自然的伤害最终会伤及人类自身。习近平总书记关于人与自然是生命共同体的重要论述，继承和发展了马克思主义的自然辩证法思想，为正确认识经济发展和生态环境保护之间的关系、保护生态环境和代际公平之间的关系等提供了理论前提，为推动实现绿色发展、建设人与自然和谐共生的现代化奠定了理论基础。

强调尊重自然、顺应自然、保护自然。马克思主义认为，自然规律是不以人的意志为转移的，人类在改造自然的过程中必须尊重和顺应自然规律，不以自然规律为依据的人类计划，只会带来灾难。习近平总书记指出：“人类发展活动必须尊重自然、顺应自然、保护自然，否则就会遭到大自然的报复，这个规律谁也无法抗拒”“只有尊重自然规律，才能有效防止在开发利用自然上走弯路”“这个道理要铭记于心、落实于行”。习近平总书记关于尊重自然、顺应自然、保护自然的重要论述，继承和发展了马克思主义关于尊重自然规律的思想，不仅丰富发展了马克思主义生态经济理论，而且将之贯彻落实到中国特色社会主义经济建设的伟大实践之中，推动形成绿色发展方式和生活方式，带来发展观的深刻革命。

揭示了保护生态环境和保护生产力的辩证关系。习近平总书记深刻总结中外许多地区由于人类长期破坏生态环境而丧失生存空间、生产力发展受限的教训，深刻阐明“保护环境就是保护生产力，改善环境就是发展生产力”，强调“保护生态环境就是保护自然价值和增值自然资本，就是保护经济社会发展潜力和后劲”“在生态环境保护上，一定要树立大局观、长远观、整体观，不能因小失大、顾此失彼、寅吃卯粮、急功近利”。习近平总书记关于保护生态环境和保护生产力的重要论述，继承和发展了马克思关于“一切生产力都归结为自然界”的思想，破除了把保护生态环境与扩大社会财富生产对立起来的错误认识，将保护生态环境和创造社会财富有机结合起来，深刻阐明了保护和改善自然生态环境就是保护和改善人类劳动的自然条件，就是保护和拓展社会生产力发展空间的科学原理。

聚焦人类可持续发展问题。马克思主义非常关注人类可持续发展问题，认为资本主义生产过于关注获得直接的眼前利益，是对人类可持续发展的破坏，无法维持人类世世代代发展需要的全部生活条件。习近平总书记高度重视人类可持续发展问题，提出“资源开发利用既要支撑当代人过上幸福生活，也要为子孙后代留下生存根基”“以对人民群众、对子孙后代高度负责的态度和责任，真正下决心把环境污染治理好、把生态环境建设好，努力走向社会主义生态文明新时代，为人民创造良好生产生活环境”“为子孙后代留下天蓝、地绿、水清的生产生活环境”。习近平总书记关于可持续发展的重要论述，将保护生态环境、协调人类当代发展与后代发展之间的关系上升到维护子孙后代根本利益和民族发展长远利益的高度，推动我国社会主义经济建设和生态环境保护取得重大历史性成就。

（作者单位：北京师范大学）

# 构建地球生命共同体的理论范式创新意义

潘家华　陈梦玫

2021年10月12日，习近平主席出席《生物多样性公约》第十五次缔约方大会领导人峰会并发表主旨讲话，深刻阐释保护生物多样性的重大意义，倡导“共同构建地球生命共同体”，向世界展现了我国保护生物多样性、加强全球环境治理的大国担当和决心。生物多样性关乎地球家园安康，关乎人类可持续发展。习近平总书记关于共同构建地球生命共同体的重要论述，突破了传统功利主义经济学研究的理论范式，带来了生物多样性经济学的革命性认知。

人类是地球生命共同体的一部分，人与自然的关系经历了从原始文明被动顺应自然到农耕文明主动利用自然的历程。进入工业文明时代，西方传统工业化道路过度寻求积累和扩张物质财富而忽略国民生态福祉，片面强调征服自然，导致生态环境加剧恶化、生物多样性持续锐减。在1992年举行的联合国环境与发展大会上，包括中国在内的100多个国家在《生物多样性公约》上签字，开启了保护地球生物多样性的实践进程。该公约是全球签署国家最多的国际环境公约之一，目前共有196个缔约方。

《生物多样性公约》生效后，每两年举办一次缔约方大会，每10年要制定未来10年的生物多样性保护目标。经过漫长而艰难的谈判，2010年在日本举行的第十次会议通过了联合国生物多样性2020年目标（简称“爱知目标”），在全球范围内第一次提出了以10年为期的20个行动目标，具有里程碑意义。然而，联合国2020年对“爱知目标”进行的评估显示，落实目标的成绩单并不尽如人意。在全球层面，20个“爱知目标”中没有一个完全实现，仅有6个部分实现。

将政治共识转化为经济行动，需要经济理论的支撑。国际上对此进行了一些探索，比如，在生物多样性经济学领域，2005年，联合国“千年生态系统评估”项目的成果之一《生态系统与人类福祉：生物多样性综合报告》，分析了生物多样性、生态系统服务（指人类从生态系统得到的惠益）与人类福祉的关系，阐述了生物多样性的价值，评估了生态系统退化对人类福祉的影响，为保护生物多样性提供了学理和政策支撑。为进一步深化经济学理论、方法和政策分析，2019年初，西方形成了一份《生物多样性经济学：达斯古普塔评估》报告，阐释有关生物多样性的经济学价值，在生态学和地球科学研究基础上提供了一个综合分析框架，探讨如何在经济学研究中考虑人类最为珍贵的自然资本，试图赋予生物多样性类同于传统产品和服务的效用属性，从而利用市场途径加以保护。

这些研究对保护生物多样性具有一定积极意义，但其学理基础大都是以功利主义为基础的理性经济人假设，强调追求个体自我利益的最大化。从这一假设出发，其所开具的处方无外乎通过征税的方式将生物多样性保护的外部成本内部化，通过自然资源的产权交易避免生物多样性保护的“公地悲剧”，通过“影子价格”核算生物多样性的资本价值等。这些方式可以在不同程度上促进生态环境保护，但由于采用同样的市场核算方式、均一的市场贴现率计算经济发展的收益和生物多样性保护的收益，也存在放大当期经济利益、缩减市场交易价值低但未来收益持久而巨大的生物多样性收益等问题。正是从这种以功利主义为基础的理论范式出发，美国一些政客拒绝牺牲自己的当前利益、不愿意为全球生物多样性保护的人类共同未来利益作贡献，在20世纪90年代签署《生物多样性公约》后一直没有完成批准程序；一些《生物多样性公约》缔约方没有完全履行实现“爱知目标”的责任，导致全球生物多样性保护水平远低于预期。

中国实施“爱知目标”的总体情况好于全球平均水平，是世界上最有成效的国家之一。近年来，中国采取一系列有力政策措施推进生态保护和修复，划定并严守生态保护红线，认真落实“爱知目标”，在20个目标中有3个进展超越“爱知目标”要求，13个取得关键性进展，4个取得阶段性成绩。作为生态环境脆弱、人口众多的发展中国家，中国在生物多样性保护方面能够交出这样一份优异答卷，彰显了习近平新时代中国特色社会主义思想对建设人与自然和谐共生的现代化的重要指导意义。这也表明，以功利主义为基础的生物多样性经济学理论研究已明显落后于实践，需要构建新的理论范式，推动生物多样性经济学创新发展。

习近平总书记关于共同构建地球生命共同体的重要论述，为生物多样性经济学创新发展提供了科学指引。在新的时代条件下创新发展生物多样性经济学，构建新的理论范式，应当以人与自然和谐共生为基础，秉持地球生命共同体理念，实现生命共同体成员的共存、共荣、共享，而不是“理性经济人”的自我和当下利益最大化。要深刻认识到生物多样性既是自然财富，也是经济财富；不仅关乎当代人和一时一地的发展，而且关乎人类的永续发展。在计算经济发展的收益和生物多样性保护的收益时，需要区分物质资产和生物多样性资产，既保障经济活力，又保障自然永续发展。在方法论上，强调系统性和关联性，不宜简单进行单一因子边际收益或成本效率分析。在地球生命共同体的体系内，动物、植物、微生物形成动态平衡，山水林田湖草沙冰相互关联、联动演化，需要进行一体化保护和系统治理，让良好生态环境成为可持续发展的不竭源头。

（作者单位：北京工业大学）

# 13 马克思主义在中国展现强大生命力

党的百年奋斗展示了马克思主义的强大生命力。党的十九届六中全会通过的《中共中央关于党的百年奋斗重大成就和历史经验的决议》指出："马克思主义的科学性和真理性在中国得到充分检验，马克思主义的人民性和实践性在中国得到充分贯彻，马克思主义的开放性和时代性在中国得到充分彰显。"中国化时代化的马克思主义，展示出强大真理力量和旺盛生命力。

——编　者

《人民日报》（2022年01月24日　第09版）

# 马克思主义的科学性和真理性在中国得到充分检验

丰子义

马克思主义为人类社会发展进步指明了方向，是我们认识世界、把握规律、追求真理、改造世界的强大思想武器，对人类社会发展产生了重大而深远的影响，深刻改变了中国发展进程。我们党在百年奋斗历程中，用马克思主义的立场、观点、方法观察时代、把握时代、引领时代，不懈推进马克思主义中国化时代化，科学回答中国之问、世界之问、人民之问、时代之问，推动党和国家事业不断前进。正是在深刻揭示历史规律、正确解答历史课题中，马克思主义的科学性和真理性在中国得到充分检验。

马克思主义的科学性和真理性，一个重要方面体现在对人的解放和自由全面发展这一重大历史课题的科学论证和实践。马克思适应时代和社会发展需要，依据大量经验材料，在《德意志意识形态》《资本论》等著作中先后创立了唯物史观和剩余价值学说，揭示了人类社会发展的一般规律，揭示了资本主义运行的特殊规律，为人类指明了从必然王国向自由王国飞跃的途径，为人民指明了实现自由和解放的道路。唯物史观深刻揭示了人类历史发展的一般规律，揭示了人民群众的历史主体作用，找到了实现社会变革的正确途径。剩余价值学说深刻揭示了资本主义发展的特殊规律和资本主义剥削工人的秘密，科学论证了工人阶级的历史使命，找到了变革资本主义旧社会的力量和通往社会主义新社会的途径。在揭示“两个必然”的基础上，马克思又在一系列著作中提出无产阶级革命斗争的战略策略，论述了马克思主义政党的建设，科学预见了未来社会的基本特征，并阐述“两个决不会”的思想，实现了社会主义从空想到科学的伟大飞跃。

从中国来看，马克思主义的科学性和真理性，是在其中国化的过程中体现的，是在科学解答不同历史时期党和国家事业发展面临的重大历史课题中得到证实的。实践证明，马克思主义是能够科学回答问题、真正解决问题的强大思想武器。新民主主义革命时期，我们党创立了毛泽东思想，实现了马克思主义中国化的第一次历史性飞跃，开辟了农村包围城市、武装夺取政权的正确革命道路，创造了新民主主义革命的伟大成就。社会主义革命和建设时期，我们党丰富和发展毛泽东思想，创造性地开辟了一条适合中国特点的社会主义改造道路，创造了社会主义革命和建设的伟大成就。改革开放和社会主义现代化建设新时期，我们党坚持解放思想、实事求是、与时俱进、求真务实，创立了邓小平理论，形成了“三个代表”重要思想、科学发展观，形成中国特色社会主义理论体系，实现了马克思主义中国化新的飞跃，创造了改革开放和社会主义现代化建设的伟大成就。中国特色社会主义进入新时代，以习近平同志为主要代表的中国共产党人坚持把马克思主义基本原理同中国具体实际相结合、同中华优秀传统文化相结合，坚持毛泽东思想、邓小平理论、“三个代表”重要思想、科学发展观，深刻总结并充分运用党成立以来的历史经验，从新的实际出发，创立了习近平新时代中国特色社会主义思想。习近平新时代中国特色社会主义思想是当代中国马克思主义、二十一世纪马克思主义，是中华文化和中国精神的时代精华，实现了马克思主义中国化新的飞跃。

党的十八大以来，习近平总书记对关系新时代党和国家事业发展的一系列重大理论和实践问题进行了深邃思考和科学判断，深刻总结并充分运用党成立以来的历史经验，从新的实际出发，系统回答了新时代坚持和发展什么样的中国特色社会主义、怎样坚持和发展中国特色社会主义，建设什么样的社会主义现代化强国、怎样建设社会主义现代化强国，建设什么样的长期执政的马克思主义政党、怎样建设长期执政的马克思主义政党等重大时代课题。习近平新时代中国特色社会主义思想在马克思主义哲学、政治经济学、科学社会主义各个领域，都提出了许多标志性引领性的新思想新观点新论断，以全新视野深化了对共产党执政规律、社会主义建设规律、人类社会发展规律的认识，为丰富发展马克思主义作出了原创性贡献。比如，我们党成功驾驭我国经济发展大局，形成以新发展理念为主要内容的习近平经济思想。这是我们党推动我国经济发展实践的理论结晶，是运用马克思主义基本原理对中国特色社会主义政治经济学的理性概括。又如，习近平外交思想是马克思主义基本原理同中国特色大国外交实践相结合的重大理论成果，是以习近平同志为核心的党中央治国理政经验在外交领域的集中体现，不仅实现了新中国成立以来我国外交理论的一次大发展、大飞跃，也开辟了当今世界国际关系理论创新的新高度、新境界。再如，习近平生态文明思想坚持和发展马克思主义经典作家关于生态文明的思想，以一系列新思想新理念新观点对新时代我国生态文明建设进行顶层设计和全面部署，从本体论、认识论、方法论等多个维度超越了现代西方环境理论，为我国生态文明建设和全球环境治理提供了强有力的思想武器，等等。

在习近平新时代中国特色社会主义思想指引下，我们党坚持自信自强、守正创新，创造了新时代中国特色社会主义的伟大成就，使科学社会主义在中国焕发出强大生机活力。我们党坚定捍卫马克思主义，坚持走中国特色社会主义道路，把科学社会主义推向崭新的阶段，使马克思主义以崭新形象展现在世界上。我们党摒弃冷战思维、零和博弈，提出构建人类命运共同体的重大理念，团结带领中国人民并努力携手世界一切进步力量，推动建设一个持久和平、普遍安全、共同繁荣、开放包容、清洁美丽的世界。构建人类命运共同体的创新实践，将进一步印证马克思主义的科学性和真理性，深刻影响世界历史进程，为全人类发展进步带来福祉。

（作者为北京大学哲学系教授）

# 马克思主义的人民性和实践性在中国得到充分贯彻

姜迎春

马克思主义是人民的理论、实践的理论，第一次创立了人民实现自身解放的思想体系，指引着人民改造世界的行动。人民性和实践性是马克思主义的内在特性，也是马克思主义区别于其他理论学说的显著标志。马克思主义的人民性和实践性能够在中国得到充分贯彻，源于这一科学理论能够有效组织人民投身实践，并在实践中造福人民。在领导中国革命、建设、改革的历史进程中，中国共产党始终不忘初心、牢记使命，始终把人民放在心中最高位置，赢得人民信任，得到人民支持，紧紧依靠人民创造历史伟业。

马克思主义是人民的理论，人民性是马克思主义最鲜明的品格。马克思、恩格斯在《共产党宣言》中指出："过去的一切运动都是少数人的，或者为少数人谋利益的运动。无产阶级的运动是绝大多数人的，为绝大多数人谋利益的独立的运动。”马克思主义第一次站在人民的立场探求人类自由解放的道路，为最终建立一个没有压迫、没有剥削、人人平等、人人自由的理想社会指明了方向。马克思、恩格斯设想，在未来社会中“生产将以所有的人富裕为目的”“所有人共同享受大家创造出来的福利”。从包含着“新世界观萌芽”的《关于费尔巴哈的提纲》到凝结着马克思毕生心血的理论巨著《资本论》，无不彰显鲜明的人民性。实践的观点、生活的观点是马克思主义认识论的基本观点，实践性是马克思主义理论区别于其他理论的显著特征。马克思主义认为，真理性的认识是在人类实践中形成与发展的。实践观点不仅是马克思主义哲学的基本观点，而且是包括马克思主义政治经济学、科学社会主义在内的整个马克思主义理论体系的基本观点。

马克思主义的人民性和实践性具有内在统一性。在马克思主义理论和实践中，人民性和实践性从来都不是相互分割的，而是紧密联系、内在统一的。不存在脱离人民性的实践性，也不存在脱离实践性的人民性。一方面，社会生活在本质上是实践的，人类要维持自身的生存和发展，就必须对自然界进行改造，使自然界从“自在之物”变为“为我之物”。另一方面，人民群众是社会实践的主体力量。人民性和实践性从来都不是空洞和抽象的，而是具体地、历史地表现为人民群众改造世界的实践活动。人民群众是社会实践的主体，是历史的创造者。

我是谁、为了谁、依靠谁，是一个政党首先要解决好的问题。我们党自成立之日起，就在马克思主义指导下，形成了对江山与人民关系的科学认识，并在实践中不断深化。中国共产党为什么能，中国特色社会主义为什么好，归根到底是因为马克思主义行。马克思主义之所以行，就在于我们党不断推进马克思主义中国化时代化并用以指导实践。百年来，我们党在领导中国革命、建设、改革的伟大实践中充分贯彻马克思主义的人民性和实践性，始终践行初心使命，为中国人民谋幸福、为中华民族谋复兴，从中国实际出发、把握历史主动，不断推进马克思主义中国化时代化，指导中国人民不断推进伟大社会革命。马克思主义的人民性和实践性在中国得到充分贯彻，一个重要体现在于在中国共产党的领导下，中国人民动员起来、组织起来、凝聚起来，投身到热火朝天的实践活动之中，取得中国革命、建设、改革的伟大成就，创造了世所瞩目的人间奇迹。

习近平总书记指出，全党必须牢记，为什么人、靠什么人的问题，是检验一个政党、一个政权性质的试金石。党的十八大以来，习近平总书记着眼新的实践，提出坚持以人民为中心的发展思想，强调坚持发展为了人民、发展依靠人民、发展成果由人民共享；强调要立足新发展阶段、贯彻新发展理念、构建新发展格局，着力提升发展质量和效益，更好满足人民多方面日益增长的需要，更好促进人的全面发展、全体人民共同富裕。我们党深刻认识到，人心向背关系党的生死存亡。赢得人民信任，得到人民支持，党就能够克服任何困难，就能够无往而不胜。习近平总书记指出："时代是出卷人，我们是答卷人，人民是阅卷人。"人民是我们党的工作的最高裁决者和最终评判者。党的执政水平和执政成效都不是由自己说了算，而是由人民来评判。评判的标准就是人民的满意度，评判的具体内容就是人民的获得感，评判的结果就是民心向背。我们党一直高度重视贯彻群众路线。习近平总书记指出："党的领导工作的正确方法就是将群众意见集中起来形成正确的决策，又到群众中宣传解释，将决策化为群众的行动，并在群众实践中检验这些决策是否正确。"

坚持人民当家作主，发展社会主义民主政治，是坚持和彰显马克思主义人民性和实践性的重要途径。以习近平同志为核心的党中央进一步深化对民主政治发展规律的认识，创造性地提出了全过程人民民主的重大理念。我国全过程人民民主是一个完整的制度链条，包括选举民主、协商民主、社会民主、基层民主、公民民主等民主政治的全部要素，涵盖了民主选举、民主协商、民主决策、民主管理、民主监督等民主过程的一切领域，不仅有完整的制度程序，而且有完整的参与实践，实现了过程民主和成果民主、程序民主和实质民主、直接民主和间接民主、人民民主和国家意志相统一，是全链条、全方位、全覆盖的民主，是最广泛、最真实、最管用的社会主义民主，以多样、畅通、有序的民主渠道，有效保证了全体人民依法通过各种途径和形式管理国家事务、管理经济和文化事业、管理社会事务。我们党创造性提出建设人人有责、人人尽责、人人享有的社会治理共同体，使人民参与社会治理的积极性主动性创造性得到充分发挥，使人民获得感、幸福感、安全感更加充实、更有保障、更可持续，使马克思主义的人民性和实践性在当代中国得到充分贯彻。

（作者为南京大学哲学系教授）

# 马克思主义的开放性和时代性在中国得到充分彰显

艾四林

马克思主义之所以具有强大生命力，关键在于马克思主义始终处于开放和不断发展之中，以开放姿态紧跟时代步伐，在引领时代中保持开放发展。百年来，我们党坚持把马克思主义写在自己的旗帜上，不断推进马克思主义中国化时代化，用马克思主义中国化的科学理论引领伟大实践，创造了新民主主义革命的伟大成就，创造了社会主义革命和建设的伟大成就，创造了改革开放和社会主义现代化建设的伟大成就，创造了新时代中国特色社会主义的伟大成就，马克思主义的开放性和时代性在中国得到充分彰显。

马克思主义理论是开放的、发展的理论，始终站在时代前沿。马克思、恩格斯对自己的理论从来都持开放态度，一再告诫人们，马克思主义理论不是教条，而是行动指南，必须随着实践的变化而发展。马克思指出："我们不想教条式地预料未来，而只是希望在批判旧世界中发现新世界。”针对把马克思思想教条化的错误倾向，恩格斯指出：“马克思的整个世界观不是教义，而是方法。它提供的不是现成的教条，而是进一步研究的出发点和供这种研究使用的方法。”针对马克思恩格斯去世后出现的教条主义，列宁强调：“马克思主义者必须考虑生动的实际生活，必须考虑现实的确切事实，而不应当抱住昨天的理论不放，因为这种理论和任何理论一样，至多只能指出基本的、一般的东西，只能大体上概括实际生活中的复杂情况。”一部马克思主义发展史，就是马克思、恩格斯以及他们的后继者们不断根据时代、实践、认识发展而发展的历史，是不断吸收人类历史上一切优秀思想文化成果丰富自己的历史。正因为具有鲜明开放性和时代性，马克思主义能够永葆青春活力，不断探索时代发展提出的新课题、回应人类社会面临的新挑战。

中国共产党人对马克思主义始终秉持开放的科学态度，不断推进实践基础上的理论创新。马克思主义是我们立党立国、兴党强国的根本指导思想。马克思主义能不能在实践中发挥作用，关键在于能否把马克思主义基本原理同中国实际和时代特征结合起来。毛泽东同志指出：“马克思主义一定要向前发展，要随着实践的发展而发展，不能停滞不前。停止了，老是那么一套，它就没有生命了。”邓小平同志强调：“不以新的思想、观点去继承、发展马克思主义，不是真正的马克思主义者。”习近平总书记指出：“面对快速变化的世界和中国，如果墨守成规、思想僵化，没有理论创新的勇气，不能科学回答中国之问、世界之问、人民之问、时代之问，不仅党和国家事业无法继续前进，马克思主义也会失去生命力、说服力。”百年来，我们党坚持把马克思主义基本原理同中国具体实际相结合、同中华优秀传统文化相结合，不断推进马克思主义中国化时代化，创立了毛泽东思想、邓小平理论，形成了“三个代表”重要思想、科学发展观，创立了习近平新时代中国特色社会主义思想，为党和人民事业发展提供了科学理论指导。党的百年奋斗历程充分证明，只要坚持在实践基础上推进理论创新，进行理论创造，我们党就能始终充满生机活力，党和人民的事业就会顺利发展。

我们党坚持解放思想、实事求是、守正创新，把坚持马克思主义和发展马克思主义统一起来，坚持用马克思主义之“矢”去射新时代中国之“的”，使马克思主义在中国大地焕发出新的勃勃生机。习近平总书记以马克思主义政治家、战略家的胆略，谋划国内外大局，推进改革发展稳定、内政外交国防、治党治国治军工作，对关系新时代党和国家事业发展的一系列重大理论和实践问题进行了深邃思考和科学判断，提出一系列原创性的治国理政新理念新思想新战略。比如，针对新的历史条件下我们党面临的“四大考验”“四种危险”，创造性地提出全面从严治党，在新时代把党的自我革命推向深入；针对发展方式粗放、供给体系质量不高等问题，创造性地提出贯彻新发展理念、推进供给侧结构性改革，推动我国经济在高质量发展上不断迈出新步伐；针对农村贫困人口的实际情况，创造性地提出精准扶贫精准脱贫，指引脱贫攻坚战取得全面胜利、如期全面建成小康社会；等等。

当前，世界进入动荡变革期，不稳定性不确定性显著上升。我们党倡导从人类共同利益出发，携手构建人类命运共同体。我国不断提高对外开放水平，着力推动规则、规制、管理、标准等制度型开放，持续营造市场化、法治化、国际化营商环境。着眼后疫情时代世界经济复苏与发展，我国致力于加强双边、多边和区域合作，同各国实现更高水平的互利共赢。新时代中国共产党人高举构建人类命运共同体旗帜，构建新型国际关系，坚持互利共赢的开放战略，吸收借鉴人类文明一切优秀成果，将使马克思主义的开放性和时代性得到更加充分的彰显。

进一步彰显马克思主义的开放性和时代性，需要以我们正在做的事情为中心，用马克思主义的立场、观点、方法观察时代、把握时代、引领时代，不断深化对共产党执政规律、社会主义建设规律、人类社会发展规律的认识，聚焦全面建设社会主义现代化国家面临的重大现实问题、全局性战略问题，不断推进马克思主义中国化时代化，为发展马克思主义作出中国的原创性贡献，为实现中华民族伟大复兴提供战略引领。同时，顺应世界发展大趋势，站在历史正确一边，为应对当今世界面临的全球性挑战、解决人类面临的重大问题贡献中国智慧、提供中国方案和中国理论，让马克思主义在21世纪的中国焕发出更强大的生机活力。

（作者为清华大学马克思主义学院院长）

# 14 促进中医药传承创新发展

中医药学包含着中华民族几千年的健康养生理念及其实践经验，是中华文明的一个瑰宝，凝聚着中国人民和中华民族的博大智慧。党的二十大报告提出“促进中医药传承创新发展”。我们要深入理解把握中医药学的独特思维方式、培育中医药特色人才、坚守中医价值理念等。

——编　者

《人民日报》（2021年04月28日　第15版）

# 中医药学的独特思维方式

楼宇烈

《中共中央国务院关于促进中医药传承创新发展的意见》提出，中医药学是中华民族的伟大创造，是中国古代科学的瑰宝，也是打开中华文明宝库的钥匙，为中华民族繁衍生息作出了巨大贡献，对世界文明进步产生了积极影响。中医药学包含着中华民族几千年的健康养生理念及其实践经验，具有独特的思维方式，凝聚着中国人民和中华民族的博大智慧，在同疫病斗争中产生了《伤寒杂病论》《温病条辨》《温热论》等经典著作。

注重整体关联。中医药学认为，人与自然、人与社会是一个相互联系、不可分割的统一体，人体本身也是一个有机的整体，其思维方式不是简单的非此即彼，而是强调此离不开彼、彼离不开此，注重整体关联。它是从整体生命观出发构建的一整套有关养生等治未病以及用针灸、按摩、经方等治已病的理论和方法。中医药学认为，人与天地万物同为一气所生，具有同根性，天人之间可以相互感应；强调肝、心、脾、肺、肾等是一个整体，面对疾病，不仅需要考虑是哪方面出了问题，而且需要考虑这方面和其他方面的关系，而不是简单地“头痛医头，脚痛医脚”。在用药方面，中医遵循组方原则，在临床上一般采用复方，多种药物各有分工、协同合作，联合作用于多个靶点，联合起来发挥作用。在治疗方面，中医强调生理和心理的协同，重视精神情志和人体健康的关系，注重从身心整体上进行调治。在新冠肺炎疫情防控中，中医医疗队员引导患者练习太极拳、八段锦、五禽戏等，这些都有利于患者舒缓情志、增强体质，对提高患者肌体免疫力、尽早恢复健康产生了很好的效果。

注重动态平衡。事物的平衡不是静态的、固定不变的，而是动态的、可变的。在这个时间和地点取得平衡，到下一个时间和地点又不平衡了，需要再调整，达到新的平衡，这就是动态平衡。中医药学强调和谐对健康具有重要作用，认为人的健康在于各脏腑功能和谐协调，情志表达适度中和，并能顺应不同环境的变化，其根本在于阴阳的动态平衡。“阴阳失和”是人体生病的一个重要原因，由于内伤和外感，人的整体功能失去动态平衡。维护健康就是维护人的整体功能动态平衡，治疗疾病就是使失去动态平衡的整体功能恢复到协调与和谐状态。有些外感是无法避免的，需要人们注意调整生活方式，适应外界变化，从而取得相对平衡，保持身心健康。在新冠疫情防控中，中西医结合、中西药并用成为我国抗疫方案的亮点，为疫情防控取得重大战略成果作出了重要贡献，中医药再次彰显了中华民族原创科学的价值和优势。以“三药三方”为代表的中医药，既能宣肺清泄、疏散上焦，又能化湿和胃、斡旋中焦，还能活血解毒、畅通下焦，目的是调和阴阳、恢复肌体的内稳态。从治疗方式看，西医擅长寻找有效药物，直接消灭病原体；中医擅长通过整体调节，清除病原体的生存环境，激发人体的防御机制。中医通常称治病为“去病”，其意思是通过调适去除疾病，恢复身体本有的平衡，并非就病论病。

注重顺应自然。包括中医在内的中华优秀传统文化，十分重视顺应自然规律。从大禹治水到李冰治理都江堰，其指导思想皆为顺应自然。大禹在治水过程中，看到水总是往下流，于是疏通河流，让水能够顺畅流下去，有效解决了洪水泛滥问题。李冰看到水是波动的，就不用传统的堤坝，而是用竹篓装上石头，随着水的波动竹篓也会起伏。顺应自然的思想，适用于治水，也适用于人体。中医药是中华优秀传统文化的重要组成部分和典型代表，强调“道法自然、天人合一”，重视自然环境和社会环境对健康与疾病的影响。不顺应自然，人的身体就容易得病。顺应自然规律，除了强调顺应事物本性，还有一项重要内容，就是强调尊重事物个性、差异性。疾病形式多变，中医通过综合分析望、闻、问、切所采集的症状等个体信息，确定相应治疗方法，并结合临床、疾病变化随时调整用药方向，注重因人制宜、因时制宜，讲究辨证施治、一人一方，同病异治、异病同治。中医药治疗新冠肺炎不是单靶点发挥作用，而是根据患者病情的演变辨证施治。在治疗过程中，早期以祛邪为主，中期以清热化湿为主，后期以扶正为主，取得了显著疗效。

（作者为北京大学哲学系教授）

# 科技支撑中医药振兴发展

张伯礼

中医药具有悠久的历史，在促进中华民族昌盛和保障中国人民健康中发挥着重要作用。中国特色社会主义进入新时代，习近平总书记高度重视中医药事业发展，作出一系列重要指示批示，中医药事业发展迎来难得历史机遇，中医药在满足人民群众健康需要方面发挥着越来越显著的作用。

回顾中医药发展的历程，中医药现代化研究起着引领和推动作用。中医药工作者紧紧围绕国家战略和社会需求，以提高临床疗效和解决制约中医药发展的关键问题为中心，广泛开展中医药科学研究。在国家重大专项和科技支撑计划等规划支持下，中医药科技支撑能力和创新水平不断提升，在重大疾病防治关键技术等方面取得一批具有影响力的科研成果，在我国医疗改革和健康中国建设中发挥着重要作用，也令世界瞩目。中国中医科学院研究员屠呦呦获得诺贝尔生理学或医学奖，彰显了中医药对人类健康的重大贡献。近些年，国家级中医临床研究基地建设及中医药防治传染病和慢性非传染性疾病临床科研体系建设顺利开展，建立起涵盖中医药各学科领域的重点研究室和科研实验室；着力建设一批国家工程（技术）研究中心、工程实验室，初步形成以独立的中医药科研机构、中医药大学和省级以上中医医院为研究主体，综合性大学、综合医院、中药企业等参与的中医药科技创新体系。这些科研成果的转化应用，为提高临床疗效、保障中药质量、促进中医药健康产业发展提供了重要支撑。

科技创新是中医药发展的关键。尽管近些年中医药在科学研究方面取得了长足进步，但由于中医药科技基础薄弱，在理论研究、药理研究、客观化标准化研究、中医药循证方法学等方面，仍有一些难题需要攻克。推进中医药科学研究，重在坚持问题导向，紧紧围绕国家战略和社会需求，以解决制约中医药发展的关键科学问题和提高临床疗效为核心开展中医药科学研究。将临床实践和产业发展中遇到的问题转化为科学问题加以研究，在解决问题中推动成果转化、科技进步。近年来，我们在重大疾病防治关键技术等方面取得的一批科技成果，如血瘀证和活血化瘀理论研究、络病理论及方药研发等，都是围绕国家和社会需求进行研发取得的。

青蒿素的发现是中医药原创成果。屠呦呦研究员领衔的团队从古方中受到启发、找到灵感，用现代科技手段从青蒿中提取出青蒿素，转化成一种强有力的抗疟药物，挽救了数百万人的生命。中医药虽古老，但其理念并不落后，有些已成为现代生命科学的前沿。必须坚持把原创的中医药理念、经验和现代科技相结合，努力走出一条自己的开拓创新之路，形成一种“思维+首创+科技+转化”的中国特色研究模式。同时，要克服急功近利的浮躁风气，增强“板凳甘坐十年冷”的韧劲和钻劲，认准稳定的研究方向，踏踏实实做科研。

坚持独立自主和开放合作相统一，是中医药科技迅猛发展的一个重要原因。我国在坚持中医原创思维的基础上，注重多学科合作，海纳百川、融合创新。在抗击新冠肺炎疫情中，证候学流调采用手机APP采集、远距离传输，在千里之外的平台上进行数据处理。不到一周，4省20家医院千余例确诊患者证候信息就汇总出来，经过信息处理和专家分析得出“湿毒疫”的诊断，有力指导治疗，为患者临床救治争取了时间。

习近平总书记强调：“要做好中医药守正创新、传承发展工作，建立符合中医药特点的服务体系、服务模式、管理模式、人才培养模式，使传统中医药发扬光大。”必须坚持需求导向，从国家急迫需要和长远需求出发，真正解决实际问题，突破我国科研发展的关键瓶颈，助力全面建成小康社会。注重总结中医药防治疫病的理论和诊疗规律，组织科技攻关，进行研究论证；建立符合中医药规律的现代评价手段，将中医药治病的机理药理阐释清楚。加强《伤寒杂病论》《温病条辨》等古典医籍精华的梳理和挖掘，建设一批科研支撑平台，对古方的科学内涵和思维理念进行研究消化再吸收，并转化为新的技术成果。改革完善中药审评审批机制，促进中药新药研发和产业发展。在一系列科研政策支持下，以需求为导向，致力于解决实际问题，中医药事业必将加速振兴发展。

（作者为中国工程院院士、天津中医药大学校长）

# 大力培育中医药特色人才

黄璐琦

习近平总书记指出："要促进中医药传承创新发展，坚持中西医并重和优势互补，建立符合中医药特点的服务体系、服务模式、人才培养模式，发挥中医药的独特优势。"近年来，中医人才队伍建设取得长足进步，从业人员数量与结构得到改善，中医服务总量持续上升，但仍存在高质量供给不够、特色不突出等问题。2021年颁布实施的《关于加快中医药特色发展的若干政策措施》针对中医药人才发展的制度短板和弱项，完善了顶层设计，强调夯实中医药人才基础，提高中医药教育整体水平，坚持发展中医药师承教育，加强中医药人才评价和激励。建立符合中医药特点的人才培养模式，须遵循中医药人才成长规律，注重中医药经典理论和中医药临床实践、现代教育方式和传统教育方式相结合，大力培育中医药特色人才。

坚持立德树人。中医药博大精深，需要一代又一代人薪火相传。如何培养出德才兼备、内外兼修的中医药特色人才，是我们面临的重大时代课题。大力推动中医药人才培养，必须落实立德树人根本任务。为此，需要充分发挥教师队伍“主力军”、课堂教学“主渠道”作用，自觉用习近平新时代中国特色社会主义思想铸魂育人，引导学生增强中国特色社会主义道路自信、理论自信、制度自信、文化自信，厚植爱国主义情怀，把实现个人价值同党和国家前途命运紧紧联系在一起。中医药院校教师要遵循教育教学规律、学生成长成才规律，熟悉掌握国家大政方针和中医药历史文化典故，充分挖掘中医药课程中蕴含的思政教育元素，加强通人文、读经典、重临床、强能力的综合教育，将知识传播和人格塑造紧密结合起来，让青年学生在学习专业知识的过程中树立积极健康的职业价值取向。教育引导青年学生以屠呦呦等老一辈中医药工作者为榜样，胸怀祖国、勇于担当，艰苦奋斗、团结协作，善于传承、勇于创新，潜心研究、淡泊名利，切实承担起新时代赋予中医药工作者的使命与责任。

优化课程体系。《黄帝内经》提出，医者“要上知天文下知地理中知人事”。促进中医药传承创新发展，需要高素质复合型中医药人才。优化课程体系，不断增强青年学生的创新能力和实践能力，对于培养和造就一批高素质复合型中医药人才至关重要。改革开放以来特别是党的十八大以来，我国中医药学教育取得长足进步，但也不同程度存在课程体系设置不够合理的现象。有的忽视中华优秀传统文化在中医药教学中的重要作用，导致青年学生人文底蕴不足；有的理论学习与临床实践结合得不够好，导致青年学生临床能力不足。中医药院校需要进一步优化课程体系，建立以中医药课程为主线、先中后西的中医药类专业课程体系，增设中医疫病课程，把专业课程与通识课程结合起来，把理论学习与临床实践统一起来，让青年学生具备深厚的知识基础、宽阔的专业视野和较强的适应能力。注重选拔和培养中医药传统文化功底深厚、热爱中医药学的优秀青年学生，拓宽其多学科交叉和个性化发展路径，完善青年学生在自然科学、哲学社会科学等学科领域的基础知识结构，提高他们的综合素养。

注重院校教育与师承教育相结合。中医药师承教育是独具特色、符合中医药人才成长和学术传承规律的教育模式，是中医药传承发展和人才培养的主要形式，具有师徒关系紧密、教学方式灵活、注重个性专长、突出实践技能等特点，符合中医药人才成长规律，对传承中医药文化、传播中医药理念、发挥中医药特色优势具有不可替代的作用。同时应看到，传统师承教育不同程度存在着学习内容与形式不明确、质量良莠不齐、人才培养效率较低的问题，不能很好地满足中医药快速发展的需要。院校教育有助于中医思维体系的建立，有利于中医药与现代知识的结合。中医药院校要强化医科教协同，将院校教育与师承教育相结合，把传统教育的精髓融入现代教育体系，强化中医药基础理论教学，加强多层次师承教育项目，扩大师带徒范围和数量，建立早跟师、早临床学习制度，将师承教育贯穿临床实践教学全过程，着力培养青年学生的中医药学思维和临床实践能力，促进中医药传承创新发展。

（作者为中国工程院院士、中国中医科学院院长）

# 坚守中医价值理念

张其成

习近平总书记指出："中西医结合、中西药并用，是这次疫情防控的一大特点，也是中医药传承精华、守正创新的生动实践。"面对新冠肺炎疫情大考，中医交出了一份出色的抗疫答卷，彰显了独特的智慧和价值理念。中医的价值理念，可概括为仁、和、精、诚。

医者仁心。"医"作为一种职业，其目的在于治病救人、救死扶伤，这一职业特点被称为"仁术"。"仁术"一词最早出现于《孟子·梁惠王上》，即"无伤也，是乃仁术也"。它一开始并不是指医术医德，而是指从仁爱行为推广开来的治国之术，后世则将"仁术"作为中医的专称。将中医视为"仁术"，旨在强调医者要具有尊重生命、敬畏生命、保护生命的爱心，正所谓医者仁心、仁者爱人。"仁"是"术"的前提，"术"是"仁"的体现，仁爱之心通过医术得到充分体现。中医强调“待患若亲”，即把患者当亲人。这与中华优秀传统文化重视家庭伦理是分不开的。唐代医药学家孙思邈所著《大医精诚》一书，明确了为医者的基本要求：“普同一等，皆如至亲之想。”“凡大医治病，必当安神定志，无欲无求，先发大慈恻隐之心，誓愿普救含灵之苦。”所有这些，不仅是从医的入门条件，而且是衡量一个医者是否合格的标准。

调和阴阳。中医将人的健康状态称为“平”，将健康人称为“阴阳和平之人”。《黄帝内经》提出“法于阴阳，和于术数”“调和阴阳，以平为期”的健康基本法则，倡导“天人相应、调和致平”的价值观，主张在自然观上“天人相和”，在社会观上“人我相和”，在身体观上“形神相和”，在治疗观上“阴阳相和”。中医将人的生命和天地万物视为一个整体，将人内在的五脏六腑和外在的五官四肢视为一个整体，强调人只有通过调和阴阳，依靠自身脏腑、经脉、气血的功能活动及调节能力，才能达到人体内外的协调统一、形神气血的协调平衡。在治疗方法上，中医是扶正祛邪式的调和性治疗。在抗击新冠肺炎疫情中得到普遍使用且疗效显著的“清肺排毒汤”，来源于东汉医学家张仲景《伤寒杂病论》的四个经方，蕴含中医治疗学调和阴阳的价值观念。中医注重扶正祛邪、整体调节、多靶点治疗，一方面扶持正气，提高自身免疫力；另一方面祛除邪气，将体内疫毒排除出去。

精勤不倦。张仲景提倡“勤求古训，博采众方”，孙思邈提出“学者必须博极医源，精勤不倦”。我国古人认为，医者除了学习医学和易学两门专业课，还须广泛涉猎经史子、儒释道等领域，以开眼界、拓心胸。《黄帝内经》称医者为“工”，倡导医者发扬工匠精神。中医认为，医道是“至精至微之事”，关乎患者性命，一定要精益求精，真正掌握救死扶伤的高超技艺。中医治疗新冠肺炎的“三药三方”，是多位中医专家经过反复讨论、精心研制才确定的，能够根据患者病情变化一人一策、随证化裁、及时调整，注重体质、疾病、症状“三结合”，同病不同治，同病不同方，精准施治，有效降低了发病率、转重率、病亡率。据统计，湖北省确诊病例中医药使用率和总有效率超过90%。截至2020年7月，中医药已传播到全球183个国家和地区，中国与40多个外国政府、地区主管机构和国际组织签署中医药合作协议，支持在“一带一路”沿线国家和地区建设30个高质量中医药海外中心，为维护人类的健康福祉发挥着重要作用，贡献出中国智慧和中国力量。

守信戒欺。“诚”是“医者仁心”的外在表现，如果说“仁”偏于恻隐为端、慈悲为怀的医者之心，那么“诚”则偏于心怀至诚、一心赴救的医德行为。孙思邈提出，在患者求救时，无论对什么患者都要“详察形候，纤毫勿失，处判针药，无得参差”。其大意是说，诊察疾病，专心致志，详细了解病状脉候，一丝一毫不得有误；处方用针，不能有错。这体现了真诚恳切、守信戒欺的品质。明代中医学家龚廷贤提出“医家十要”，明代外科学家陈实功提出“医家五戒”，对医者行为都作出具体规定。对待患者要严守医密，不以虚言诳人，不以危言相恐，不以神方秘术炫世惑众，不曲顺人情以保己名，其中就有“诚”的要求。中医强调，医者要诚信求真，慎独自律。除了慎独外，对同道“不得道说是非，议论人物，炫耀声名，訾毁诸医”。

（作者为北京中医药大学国学院教授）

# 15 传承发展中华优秀传统制度文化

中华优秀传统制度文化是中华优秀传统文化的重要组成部分，不仅包含丰富的道德资源，而且包含丰富的制度和法制思想，是涵养制度意识、法治精神的重要源泉。传承发展中华优秀传统制度文化就要汲取中华优秀传统制度文化的思想养分，把握“法不阿贵、绳不挠曲”的当代价值，读懂礼的精神与价值。

——编　者

《人民日报》（2021年04月22日　第16版）

# 中华优秀传统制度文化的特质

郭齐勇

习近平总书记指出："要加强对中华优秀传统文化的挖掘和阐发，使中华民族最基本的文化基因与当代文化相适应、与现代社会相协调，把跨越时空、超越国界、富有永恒魅力、具有当代价值的文化精神弘扬起来。"中华优秀传统文化中有着丰富的典章制度，涉及社会规范、文化制度、刑罚政令、行为方式等方面，蕴含着许多具有重要借鉴意义的优秀传统制度文化，今天仍然具有调治人心、惩恶扬善、保护生态等价值。科学把握中华优秀传统制度文化的特质，从中汲取制度建设、道德建设的丰富养分，有助于坚持和完善中国特色社会主义制度、推进国家治理体系和治理能力现代化。

中华优秀传统制度文化具有因革损益、与时偕行的特质。社会的合理构成和有序运转，离不开健康的社会关系作为纽带，而健康社会关系的形成和维系离不开制度的保障。中国传统社会秩序建构的制度依据是礼法，在中华传统制度文化演进中礼法也在不断变革与发展。

早在几千年前，我国先民就提出了“周虽旧邦，其命维新”。这种创新精神，集中反映在我国古代不同时期关于礼法的不断认识上。广义上讲，礼法是礼乐刑政的统称，具有整饬社会秩序、维护长幼之序、节制骄奢淫逸等作用。而在不同历史时期，人们关于礼法的认识不尽相同。周公因应当时社会需要，增删和厘定夏、商两代的典章制度制礼作乐。孔子不固执于过时的礼，主张因革损益，力图拯救礼乐中所包含的道德精神，强调仁德是礼乐制度的真实内涵与精神。孔子并不排斥礼的规范意义，同时反对拘守礼文仪节。他说：“君子义以为质，礼以行之，孙（逊）以出之，信以成之。”其大意是说，义在内，礼在外；仁义是内容，礼文是形式。以孔子为代表的儒家学说，主要思想是“仁义”和“仁政”学说。

在儒家看来，人们正当的物质欲求应当得到满足，但在一定历史时期内，社会物质财富是有限的，这就需要礼制来调节社会秩序，维系社会正常运转。荀子认为，人们的物质欲求需要社会规范加以调节、疏导、约束，才不至于造成纷争混乱，而礼制的目的在于安定人心，实现社会的秩序化。他强调，制度建设同其他许多事务一样，需要根据时代和实际的发展变化而改革创新。他说：“夫道者，体常而尽变，一隅不足以举之”。这不仅讲明了体常与尽变的联系，而且揭示了守正与创新的关联。

我国古代政治制度的发展也是如此。习近平总书记强调：“我国历朝历代都重视官吏选拔和管理，强调‘为政之要，惟在得人’‘育才造士，为国之本’。我国古代吏治思想和做法既积累了丰富的治吏经验，也带有明显的历史局限，其中有不少封建糟粕，这是我们必须注意的。”以历史上选拔人才的制度变迁史为例。孔子的“有教无类”“举贤才”理念，集中表达了民间从教育开放到政治开放的心声。汉代选拔人才，以荐举制取代世袭制，以察举、征辟诠选制度选拔德才兼备的人才，在一定程度上满足了当时社会的需求。但荐举制也有局限性，而且这种局限性愈到后期愈加明显。魏晋南北朝时期改为九品中正制，这一制度把选才权收归朝廷，把人才分为九等，选才标准规范、缜密，在当时具有积极意义。然而，东晋之后，这一制度弊病日深，门阀世族把持、垄断选举，庶族寒门子弟无缘仕途，使得此制度逐渐走向反面。到隋唐时代推行科举制，就是通过考试选拔官吏，采用分科取士的办法，考生自由报名，布衣之士有了为官的机会。从隋代到清代的1300多年间，科举制选拔出大量文武官员与后备人员，给社会与国家治理队伍注入活力。但自明代后期至清代，科举制运作逐渐僵化，于清代末期被废除。

中华优秀传统制度文化具有礼治与法治相统一的特质。礼治主要是道德规范，法治主要指刑罚。在我国传统社会治理中，礼治重在防患于未然，法治则重在事后惩戒，即“礼者禁于将然之前，而法者禁于已然之后”。

礼治与法治相统一，主要体现在“以礼入法”上。我国古人之所以强调礼治与法治相统一，是基于重道德教化、重调治人心的考虑。礼中蕴含和谐、亲民、仁爱、慈惠的精神，体现和而不同的理念。我国历史上成文法的公布，一般以春秋时期郑国的“铸刑书”和晋国的“铸刑鼎”为标志，而其滥觞可溯源至《周礼》中记载的“悬法象魏”之制。传统礼法中，有礼典、律典、习惯法之分。《尚书》与《周礼》主要是礼典而非律典，前者大致相当于礼，后者相当于法。习惯法活跃于民间，以乡规民约、家礼家法等形式规范社会公众的日用常行，是一种无处不在、无时不有的“无法之法”。

我国古代法律系统相对独立，秦、汉以后，法典大多出于儒者手笔。法律的系统化自曹魏时期始，当时儒家思想在法律上一跃成为最高原则，与法理几乎无异。具有代表性的例子是，魏以八议入律，晋创依服制定罪，《唐律疏议》中充溢着礼的精神，后世有唐律“一准乎礼”的说法。儒家强调对人尤其是人民的尊重，其天下为公的社会理想，与仁爱、民本、民富、平正、养老、恤孤、济赈、民贵君轻、兼善天下等思想理念，都渗透到古代社会治理各种制度中，对于今天社会治理仍有一定启发意义。

（作者为武汉大学国学院院长）

# 法不阿贵、绳不挠曲的当代价值

朱景文

习近平总书记指出："中国优秀传统文化的丰富哲学思想、人文精神、教化思想、道德理念等，可以为人们认识和改造世界提供有益启迪，可以为治国理政提供有益启示"。早在先秦时期，《尚书》《诗经》《左传》等文献就记载了我国早期国家制度和治理思想。由秦汉而下，中经隋唐，下至明清，我国关于国家制度和国家治理的丰富思想历经2000余年而不衰。其中，就包括"法不阿贵、绳不挠曲"的正义追求。"法不阿贵、绳不挠曲"出自《韩非子》，反映了我国古代法家的治国理念，虽然并非现代法治观念，但对于我们今天推进全面依法治国具有一定借鉴意义。

"法不阿贵"，主要是指执法不以人的贵贱为转移，应当一视同仁。"绳不挠曲"的"绳"，原本是指木匠用来打直线的墨线，是去曲取直的准绳。我国古人认为，解决社会争端，需要有一个准绳，就像木匠的墨线一样不向弯曲的地方倾斜。以此类比，是强调法律必须成为衡量是非曲直的标准。商鞅说："民信其赏，则事成功；下信其罚，则奸无端。"即让法令在民众中树立起权威，人们才会信仰法令；通过严罚重赏，才能预防违法犯罪行为的发生。韩非说："言无二贵，法不两适。"即罪与刑相称，功与罚相当，法律的权威在于没有例外，决不能因为个人好恶而有所避趋。

秦国起初并非强国，生产力发展水平和文化发达程度远不如中原诸国，但它崇尚法治、励精图治，特别是通过商鞅变法，终于由弱变强。对此，韩非作出的解释为："国无常强，无常弱。奉法者强则国强，奉法者弱则国弱。"也就是说，国家强弱与信奉和推行"以法治国"的程度密切相关。国家树立法律权威，崇尚法治精神，依法办事，就会逐步走向强盛。正因为长期坚持法制，"不别亲疏，不殊贵贱，一断于法"，秦国才能统一六国。

当然，法家的法治不是以人民为中心、以民主为基础的，而是以维护君主专制为目的，法治不过是维护君主专制的工具。"法不阿贵、绳不挠曲"主张的是适用法律的公平，并不包含立法层面的公平；即便是适用法律上的公平，也是有限的。还应看到，与"刑不上大夫，礼不下庶人"的执法理念不同，法家主张"刑无等级""刑过不避大臣，赏善不遗匹夫"。虽然法家思想主张的"刑无等级"具有一定积极意义，但把法治推向严刑峻法，排斥礼治、反对德治，其消极意义也是明显的。

习近平总书记强调："对古代的成功经验，我们要本着择其善者而从之、其不善者而去之的科学态度，牢记历史经验、牢记历史教训、牢记历史警示，为推进国家治理体系和治理能力现代化提供有益借鉴。”全面依法治国，推进国家治理体系和治理能力现代化，是发展社会主义民主政治的必然要求，是全面建成社会主义现代化强国、实现中华民族伟大复兴中国梦的坚强保证。

中华优秀传统文化不仅包含丰富的道德资源，而且包含丰富的制度和法制思想，是涵养制度意识、法治精神的重要源泉。“法不阿贵、绳不挠曲”，既体现法律面前人人平等的法治精神对于国家和社会治理的基础意义，又强调执法者个人素质的重要性。传承和弘扬“法不阿贵、绳不挠曲”的传统法治精神，需要树立宪法法律至上、法律面前人人平等的法治理念，把法治精神贯穿立法、执法、司法、守法全过程，形成守法光荣、违法可耻的浓厚社会氛围。应当认识到，如果一些掌握权力的人法治意识淡薄，甚至以言代法、以权压法、逐利违法、徇私枉法，就会使法律的权威受到损害，出现法治不彰现象。“关键少数”在全面推进依法治国方面肩负着重要责任，必须带头尊法学法守法用法，不断提高运用法治思维和法治方式深化改革、推动发展、化解矛盾、维护稳定、应对风险的能力。面对诱惑和干扰，须秉持对法纪的敬畏之心，筑牢思想防线、坚守廉政底线、不越法纪红线，真正做到心中高悬法纪明镜、手中紧握法纪戒尺、知晓为官做事尺度。

（作者为中国人民大学法学院教授）

# 从传统书院制度中汲取文化滋养

邓洪波

2020年9月，习近平总书记考察调研湖南大学岳麓书院时，鼓励青年学子不负时代重托，不负青春韶华，为实现第二个百年奋斗目标、实现中华民族伟大复兴的中国梦奉献自己的智慧和力量。书院制度是我国传统教育发展的产物，对我国教育、学术和文化事业的发展以及中华文明的传承和延续作出了重要贡献。坚持走中国特色社会主义教育发展道路，建设高质量教育体系，需要结合新的时代条件，对书院制度文化进行创造性转化、创新性发展。

书院是读书人围绕书籍进行文化积累、研究、创造与传播的文化教育组织。书院的诞生既得益于以造纸术、印刷术为代表的传统科学技术的长足进步，又与唐宋科举社会形成后兴文重教的社会风气密不可分。经过千余年的发展，书院在清代几乎遍布全国，形成多种类型和等级的书院，以满足各社会群体的多层次文化教育需求。书院制度具有公平性、开放性和公益性等特征。

书院制度推崇“成人”理念，强调人格教育的重要性。“成人”理念源于孔子，他认为“成人”应该具备智慧、德性、意志、才艺等多方面素质，其中德性最为重要。书院成为这一教育理念的重要载体。在《白鹿洞书院揭示》中，朱熹认为，教人为学在于讲明义理，以修其身，然后推以及人；为学方法则是博学之、审问之、慎思之、明辨之、笃行之；学生在学习文化知识以外，从修身、处世、接物等方面进行道德的体悟与践行。《礼记·学记》提出藏修息游的学习方式，强调学习与息游结合，有张有弛。一些书院选址在风景秀丽的名山大川，既有正课学习，又有课外活动与自习，让学生感受求知的乐趣。可见，书院的道德教育并非单向的说教、灌输，而是重在引导学生自我体悟、躬行实践，让他们在学习、起居、行止中接受春风化雨、润物无声式的道德教育。这对于新时代落实立德树人根本任务，构建德智体美劳全面培养的教育体系，培养更多德智体美劳全面发展的社会主义建设者和接班人，具有启发意义。

书院倡导“传道济民”的教育宗旨，注重培养学生的家国情怀。传道济民，即通过弘扬中华优秀传统文化之“道”促进爱民利民，强调爱国爱家、关心时事、尊重文化、学以致用、以民为本。我国历史上很多忠贞义士受过书院教育熏陶。民族英雄文天祥早年在江西白鹭洲书院跟随名儒欧阳守道求“有益于世用”之学，这对其一生产生了重要影响。受张栻“盖欲成就人才，以传道而济斯民也”教育宗旨的影响，当南宋朝廷面临严重政治危机之时，岳麓书院师生心系家国，积极投身于经世济民的活动中。书院制度所蕴含的“经世济民”的价值取向和精神内涵，是中华优秀传统文化的重要内容。深入挖掘其时代价值，有助于我们从中汲取营养和智慧，承继文化基因，不断增强中华民族的归属感、认同感、尊严感、荣誉感，让爱国主义精神牢牢扎根。

书院制度具有包容性，为学术创新和文化交流提供了空间。书院山长多为名师大儒，倡导合乎传统人文教育理念的教学方法与教育制度。书院的会讲制度为不同学派提供交流的平台，学术大师可自主到各书院讲学，如朱熹、张栻在岳麓书院的“朱张会讲”，朱熹、陆九渊在鹅湖书院的“鹅湖之会”，在争论辩难中将学术发展推向新的高度。因此，一些书院成为新兴学术思潮的大本营。程朱理学、陆王心学、乾嘉汉学等学派的发展，都离不开书院制度的创新学风和宽松环境。这可以为当今的学术研究和创新提供有益启示。文化包容是中国书院制度走向世界的一个重要原因。从明代开始，书院制度移植到朝鲜、日本、越南、马来西亚、新加坡乃至欧美，成为当地了解、接受中华文化的窗口，并融入当地的文化传统，有的至今仍在发挥作用，有力促进了中外文化交流。这对于构建更加开放的国际人才交流合作机制、进一步增强我国文化软实力具有一定参考意义。

（作者为湖南大学岳麓书院教授）

# 弘扬传统礼乐教化精神

吴　宁

习近平总书记指出："从历史的角度看，包括儒家思想在内的中国传统思想文化中的优秀成分，对中华文明形成并延续发展几千年而从未中断，对形成和维护中国团结统一的政治局面，对形成和巩固中国多民族和合一体的大家庭，对形成和丰富中华民族精神，对激励中华儿女维护民族独立、反抗外来侵略，对推动中国社会发展进步、促进中国社会利益和社会关系平衡，都发挥了十分重要的作用。"在我国古代，礼乐教化被用来维系国家统治、社会治理和人际关系，是我国传统思想文化的重要组成部分。《左传》记载："礼，经国家、定社稷、序民人、利后嗣者也。"礼的精神集中体现在儒家典籍中，能够为当今提供有益启示。

礼义以为纪。我国古人把"礼义"作为国家和社会治理的原则与规范，其根源性意义在于体察天地，效法四时运行，顺应社情民意。古人认为，礼乐不是随意形成的，而是以天地为法则摸索出来的。在古代堪称国家大典的南郊祭天、北郊祭地所表达的敬畏之情，不仅体现出强烈的追本溯源意识，而且蕴含着对“天地节而四时成”的期待，天人和谐观念在其中融为一体。礼是按照道德理性的要求制定的规范，大至国家典制，小到个人行为准则，均可称之为礼。在我国古代，礼的表现形式虽然不断变化，但礼的精神历久弥新，可以促进其与社会主义先进文化相适应、与现代社会相协调。

礼俗良性互动。礼制既需要“达天道”，又需要“顺人情”。北宋程颐提出，礼出于“民之情”“民之俗”，即社会中大量礼俗往往不是刻意设计的，而是人们在生产生活中自然而然形成的。虽然百姓日用而不觉，但施行起来十分有效。风俗一旦上升为典章制度和道德准则，就具有规范化的功能和强制性的力量。礼属于规章制度，具有系统性、导向性和稳定性；风俗属于生活行为，富有多样性、易变性和自发性。为此，应当对风俗进行教化和整合。在我国古代社会，礼中有俗、俗中有礼，寓礼于俗、以礼节俗。这种礼俗之间的良性互动，使礼具有比较坚实的群众基础和较高社会认同度。这启示我们，在社会治理尤其是基层治理的实践中，应注重将行之有效的乡规民约及时上升到制度规范层面。

礼时为大。《礼记》云：“礼，时为大”。这是说，时代在不断变化，民众需求在不断变化，礼制也应当适时因革损益。“礼义”的制度，需要根据具体形势和条件去创制和调整，人们在制度创新方面具有很强的主观能动性。比如，南宋朱熹将贵族化的《仪礼》时代化、简便化，使之成为平民化的《家礼》，不仅对宋代以来的中国传统社会影响深远，而且对日本、韩国等产生了不小影响。当前，我国一些地方结合实际，发掘传统礼仪的时代内涵，开展“开笔礼”“成人礼”“中华传统婚礼”等民俗礼仪活动，受到广大民众的欢迎，其经验值得总结。

（作者为中山大学博雅学院副教授）

# 16 建设中国特色中国风格中国气派的考古学

习近平总书记指出："要加强古代遗址的有效保护，有重点地进行系统考古发掘，不断加深对中华文明悠久历史和宝贵价值的认识。"认识历史离不开考古学。考古工作是一项重要文化事业，能够展示和构建中华民族历史、中华文明瑰宝；考古工作也是一项具有重大社会政治意义的工作，能够为弘扬中华优秀传统文化、增强文化自信提供坚强支撑。做好考古和历史研究工作，更好认识源远流长、博大精深的中华文明具有重要意义。

——编　者

《人民日报》（2021年03月17日　第15版）

# 推动文物考古事业高质量发展

刘玉珠

在历史长河中，中华民族形成了伟大民族精神和优秀传统文化，这是中华民族生生不息、长盛不衰的文化基因。2020年9月28日，习近平总书记在中央政治局第二十三次集体学习时发表重要讲话，阐述考古与历史文化遗产保护的重要价值和重大意义，明确新时期文物考古事业的重点任务和发展方向，极大丰富了中国现代考古学的内容内涵。“十四五”时期，我国进入新发展阶段，文物考古事业要向高质量发展阔步迈进。

聚力考古攻关、深化文明认知，涵养中华民族精神力量。深刻理解考古与历史研究的重要意义，把考古工作摆在更加重要的位置，持续深化中华文明起源与发展研究，阐明中华文明要素形成与特征特质，展现源远流长的中华文明。集中力量推进“中华文明起源与早期发展综合研究”，以距今万年至先秦时期为主要时间维度，围绕中国现代人起源、农业起源、中国社会复杂化进程、中国国家形成等重点课题，回答中华文明起源、中华文明特色、中华文化传统等重大问题，揭示中华文明基因的连续性与中华文化的多样性。集中力量推进“考古中国”重大项目，持续开展实施夏文化研究、河套地区聚落与社会研究、长江流域文明化进程研究、中原地区文明化进程研究以及边疆考古等专题项目，系统发掘良渚、石峁、石家河、二里头、殷墟、三星堆等60多处重要遗址，探索未知、揭示本源，清晰呈现中华文明的绚烂底色。集中力量推进考古能力建设，加强考古学、历史学、民族学等多学科联合攻关，提升考古发现与研究阐释水平，充分发挥国家文物局考古研究中心作用，建设国家文物标本库和考古实验室，稳定考古机构队伍与经费投入，培养考古专精尖人才，推进科技考古、涉外考古、水下考古与公众考古，以考古实证中华文明，以考古展现大国形象，以考古振奋民族精神。

聚力文物保护、延展文明脉络，丰富中国人民精神家园。深刻理解历史文化遗产保护的重大责任，增强文物考古工作的紧迫感与责任感，让我国数以亿计的文物资源世代葆有、永续传承。加大文物保护力度，编制全国不可移动文物资源保护利用专项规划，实施不可移动文物重大保护工程，推进革命文物保护利用重大工程，加强文物预防性保护和数字化保护，开展濒危馆藏文物抢救计划和馆藏文物保存环境提升工程，积极做好石窟寺保护以及长城、大运河等大型文化遗产保护，切实改善文物保护状况，切实提升历史文化遗产整体风貌。完善文物保护管理制度，把不可移动文物保护管理纳入国土空间规划编制和实施，制定“先考古、后出让”制度设计和配套政策，对可能存在历史文化遗存的土地，在依法完成考古调查、勘探、发掘前不得使用。健全文物安全长效机制，开展国家文物督察试点，建立重要文博单位安全风险预警机制，完善打击和防范文物犯罪联合长效机制，建成全国文物安全监管平台，将文物安全全面纳入地方政府考核评价体系，守牢文物安全底线、红线、生命线。

聚力融合发展、推动文明兴盛，夯实文化强国精神支撑。深刻理解源远流长的中华文明是历史文化的积淀、是社会变迁的见证、是人类创新创造的结晶。“十四五”时期，文物考古事业要积极融入经济社会发展大局，推动文物考古事业高质量发展，推动社会主义文化大发展大繁荣。融入发展全局，主动对接“十四五”时期经济社会发展主要目标、文化强国建设中长期发展规划，主动对接新型城镇化、乡村振兴、区域协调发展等国家战略，主动对接国家文化公园建设、中华文明标识体系建设等大事要事，编制完成国家文物事业发展“十四五”规划。融入改革大局，加快修订文物保护法，加强顶层设计，推动出台文物事业改革发展相关重要政策文件，以“放管服”改革、博物馆改革发展、文物保护工程建设、国家文物保护利用示范区等为抓手，统筹谋划、系统集成，理顺体制、完善机制，有效解决文物事业发展不平衡不充分的问题，展现文物工作新面貌新作为新成就。融合科技创新，编制文物保护和科技创新专项规划，探索多学科交叉研究范式，建立跨部门文物科技攻关机制，扩充文物科技机构队伍与人才规模，建成国家文化遗产科技创新中心，实施文物科学保护与文化遗产传承研究等重点专项，为保护文物、延续文脉、繁荣文化提供科技支撑。

聚力传承传播、彰显文明魅力，增强民族复兴精神动力。推动文物考古事业高质量发展，要坚守中华文化立场，讲好中国文物故事，促进文明成果共享共融共通。让文物考古成果走向大众，做好考古成果挖掘、整理、阐释与传播，实施中华文物全媒体传播计划，推进“互联网+中华文明”行动，定期发布“考古中国”重要成果，倾力打造《如果国宝会说话》《国家宝藏》《中国考古大会》等传播品牌，推出一批文物考古类重点出版物及新媒体产品，让文物所蕴含的文化自信和民族精神润物无声、代代相传。让历史文化遗产走进生活，提升文物博物馆单位研究教育与公共服务功能，拓展不可移动文物开放利用方式，实施博物馆培优工程、国家文物资源大数据库建设等，扩大优质文化文物产品供给，不断满足人民群众日益增长的精神文化需求。让中华文化精神走向世界，推进“一带一路”历史文化遗产修复合作，实施亚洲文化遗产保护行动、中外联合考古行动、濒危文化遗产抢救行动等；精心组织策划文物精品展览，打造文物对外交流合作品牌项目，加大力度推动构建更加公平正义的文物追索返还国际秩序，全面展示中华文明的灿烂成就和对世界文明的重大贡献，不断增强文化自信和民族凝聚力。

（作者为国家文物局党组书记、局长）

# 具有重大社会政治意义的工作

赵宾福

2020年9月28日，习近平总书记强调："考古工作是一项重要文化事业，也是一项具有重大社会政治意义的工作。""认识历史离不开考古学。"习近平总书记的重要论述，对我国考古工作的重要作用进行了深入阐释，对我国考古工作的目标任务提出了新要求，为我国考古事业发展指明了方向。

任何国家和民族都有其根之所系、脉之所维，这个根脉就是历史和文明。认识国家和民族的根脉离不开考古学，需要用到考古这个重要工具。今年是中国现代考古学诞生100周年。100年来，中国考古学不仅在展示中华文明起源和发展的历史脉络、展示中华文明的灿烂成就、展示中华文明对世界文明发展的重大贡献等方面发挥了重要作用，而且在解读文化标识、服务人民群众等方面作出了积极贡献。中国考古事业的发展，使我们能够用事实驳斥对中华民族历史的各种歪曲，坚定文化自信。因此，必须从"具有重大社会政治意义的工作"的高度来认识考古学。

参天之木，必有其根；怀山之水，必有其源。一系列重要考古发现和研究表明，中国具有百万年的人类史、一万年的文化史、五千多年的文明史，也说明了中华民族和中华文明多元一体、家国一体的形成发展过程。通过考古发现我们深刻认识到，中华文明是全世界独一无二的文明，具有多元一体、兼容并蓄、延绵不断的基本特征。其中，“多元一体”体现了中华文明起源的独特性，“兼容并蓄”体现了中华文明形成与发展的独特性，“延绵不断”体现了中华文明区别于其他人类文明的独特性。

从“具有重大社会政治意义的工作”的高度来认识考古学，要求考古学为弘扬中华优秀传统文化、增强文化自信提供坚强支撑。习近平总书记指出：“历史是现实的根源，任何一个国家的今天都来自昨天。只有了解一个国家从哪里来，才能弄懂这个国家今天怎么会是这样而不是那样，也才能搞清楚这个国家未来会往哪里去和不会往哪里去。”当今中国正在经历广泛而深刻的社会变革，正在进行坚持和发展中国特色社会主义的伟大实践。做好考古和历史研究工作正当其时，具有重要的历史文化价值和现实意义。

面向未来，建设中国特色、中国风格、中国气派的考古学，必须坚持以习近平新时代中国特色社会主义思想为指导，深入学习贯彻习近平总书记在十九届中央政治局第二十三次集体学习时的重要讲话精神，在正确运用辩证唯物主义和历史唯物主义中把握以下几点：一是为通古今变化奠定坚实基础。中国考古学要继续发扬“以物论史、透物见人”学术传统，通过发掘和保护文化遗产、揭示历史规律、把握历史趋势，为新时代坚持和发展中国特色社会主义提供有益历史借鉴。二是把发思想先声作为学科担当。中国考古学要继续增强问题意识和攻关意识，不断加强学科能力建设，深入挖掘中华民族在长期发展中形成的优秀文化传统，通过解读中华文化标识，牢牢掌握中国现代人类起源、农业起源、文明起源等重点研究领域的话语权，为实现中华民族伟大复兴贡献精神力量。三是把启人类智慧作为社会责任。中国考古学要更加注重与其他学科的紧密合作，积极开展多方面交叉考古研究，在发掘、探索和研究中华文明内在属性和发展脉络的过程中，深入了解人类文明的多样性和互通性。四是把讲好中国故事作为光荣使命。中国考古学要坚持以最新重大发现和最新研究成果为题材讲好中国故事，启动优秀考古科研成果外译工程，向世界展示中华文明的灿烂成就和重大贡献，让世界了解中国历史、了解中华文明，促进文明交流互鉴。

新时代的中国考古学责任重大、使命光荣，要坚持讲政治、担使命、强学术、重证据、明方向，以物论史、启迪当下、资政育人、服务人民，为增强文化自信作出贡献，为实现中华民族伟大复兴的中国梦贡献力量。

（作者为吉林大学考古学院院长、教授）

# 不断深化中华文明起源研究

刘国祥　徐昭峰

1921年，我国开始对仰韶文化遗迹进行考察，中国现代考古学由此诞生，迄今已走过百年历程。经过几代考古人接续奋斗，我国考古工作取得重大成就，在展示中华文明起源和发展的历史脉络等方面作出重大贡献。习近平总书记在中央政治局第二十三次集体学习时强调，要实施好“中华文明起源与早期发展综合研究”“考古中国”等重大项目。这为我们做好考古和历史研究工作、不断深化中华文明起源研究提出了新要求，必须坚决贯彻落实好。

新中国成立后，我国文物考古事业步入正轨。随着考古新发现的增多和考古材料的不断积累，我们在黄河流域逐步建立起前仰韶文化、仰韶文化、龙山文化、二里头文化和商文化的考古序列，中原地区成为最早建立起较为完善的新石器时代至青铜时代考古学文化发展和演变序列的区域。结合古代文献相关记述，中华文明起源中原中心论成为学术界的主流观点。考古学家夏鼐较早提出了中华文明起源的模式，他在《中国文明的起源》中指出："我们根据考古学上的证据，中国虽然并不是完全同外界隔离，但是中国文明还是在中国土地上土生土长的。中国文明有它的个性，它的特殊风格和特征。中国新石器时代主要文化中已具有一些带中国特色的文化因素。中国文明的形成过程是在这些因素的基础上发展的。"

20世纪80年代以后，黄河上游的甘肃秦安大地湾遗址、黄河中游的山西襄汾陶寺遗址和河南偃师二里头遗址、黄河下游的山东章丘城子崖遗址和邹平丁公龙山文化城址、长江中游的湖北石家河遗址群、长江下游的浙江余杭良渚文化遗址群、西辽河上游地区的辽宁朝阳红山文化牛河梁遗址群等一系列重要考古发现，不断刷新学术界的认识。在深化认识中华文明起源、形成和早期发展进程中，考古学家苏秉琦提出了后来被归纳为"多元一体"模式的"条块说"和"满天星斗说"等较为系统的观点。这反映了多元文化在长期交流互动中相互促进、取长补短、兼收并蓄的过程，反映了中华文明多元一体发展的过程。

中华文明起源与早期发展综合研究，通过对不同区域一系列遗址开展田野考古发掘工作，充分发挥自然科学技术手段在考古研究中的重要作用，组建多学科综合研究团队，取得了丰硕成果，浙江良渚、湖北石家河、安徽凌家滩、河南新砦和二里头、山西陶寺、陕西石峁等遗址的考古成果尤为显著，实证了中华5000多年文明和中华文明起源的多元一体过程。现有的研究结果表明，距今5800年前后，黄河、长江中下游以及西辽河等区域出现了文明起源迹象。距今5300年以后，中华大地各地区陆续进入文明阶段。距今3800年前后，中原地区形成了更为成熟的文明形态，并向四方辐射文化影响力，成为中华文明总进程的核心与引领者。中华文明起源多元一体格局的发展模式不断得到一系列重要考古新发现的证实。

目前，我国古代历史还有许多未知领域，考古工作任重道远。面向未来，我国考古学界要努力建设中国特色、中国风格、中国气派的考古学，继续探索未知、揭示本源，实施好“中华文明起源与早期发展综合研究”“考古中国”等重大项目，加强考古资源调查和政策需求调研工作，提高考古工作规划水平，为弘扬中华优秀传统文化、增强文化自信提供坚强支撑。

（作者分别为中国社会科学院考古研究所研究员、
辽宁师范大学历史文化旅游学院教授）

# 通过古礼考古研究深化对中华文明的认识

卜　工

深刻认识中国历史文化，离不开考古学。习近平总书记指出："考古工作是展示和构建中华民族历史、中华文明瑰宝的重要工作。"那些埋藏于地下的古代遗址、掩埋于地下的文物遗迹，被考古学家发掘出土后，不仅能"活起来""动起来"，更能将尘封的历史揭示出来，进而不断深化我们对历史的认识。"国之大事，在祀与戎。"礼制的出现、发展与成熟是中国古代文明的独特经历。在考古研究中深化古礼研究，对于揭示中华文明独特的制度创造具有重要意义。

礼制发轫于西周以前的早期中国，是中国古代社会有序发展的经验积累与规则总结。作为古代社会组织的重要支点，礼制是维系群体秩序的重要规则，是维系民族发展的精神纽带。礼制存在于社会生活的方方面面，是一个庞大复杂的系统，从《周礼》等著作可以推知礼制的洋洋大观。显然，礼制的发展有一个过程，但《周礼》之前的古礼由于没有留下文字记载，给研究带来很大困难。

随着考古学的发展和考古发掘工作的深入，出土的类型不同的村落和古城遗址、级别不等的墓地和陵园、风格迥异的祭祀场地与盟誓场所，都展现出一定的等级关系和规则秩序。虽然没有文字记录，考古工作者还是能够从考古发现中复原当时的场景，研究礼制在社会生活中的重要作用。以用彩制度、用玉制度、用铜制度为例，即可窥其一斑。

仰韶文化时期，彩陶成为具有社会功能和标识意义的礼器，广泛出现于当时社会生活的多种场合，承担不同使命。比如，联合结盟、丧葬仪式、祭天祈年、知识传承都有固定的图案，从而形成盟誓用彩、丧礼用彩、祭天用彩、传承用彩的礼制规范。在距今5500年前后开始的红山文化牛河梁遗址，我们可以看到成熟形态的玉礼器起到了表明社会司职分工、规范等级秩序的作用。安徽的凌家滩遗址、浙江的良渚遗址出土的精美玉器，在种类、数量和表达的内涵等方面都体现出跨越式进步的历史信息，将玉礼器的作用提升到新的境界。距今4000年以后，铜器成为礼器，河南二里头遗址、殷墟以及四川三星堆遗址出土的青铜器，都反映出当时社会的等级关系和井然秩序。

用彩制度、用玉制度、用铜制度具有标准化、制度化、本土化的鲜明特点，其连绵不断的发展历程为世人所赞叹。目前发现，早期中国的古礼制度有黄河流域、长江流域两个大系、多个类型。它们此起彼伏、相得益彰、互通互助、交流融汇，在古代世界独树一帜，体现了中国作为礼仪之邦的深厚底蕴，体现了古代中国社会的智慧，对于研究人类文明发展具有重要意义。

古礼的用彩制度、用玉制度、用铜制度，充分说明中华文明博大精深，社会秩序建设源远流长。正是借助考古学透物见人的研究视角，让出土文物活起来，让逝去的场景再度显现，我们才能更好地认识历史。面向未来，考古工作者要继续探索未知、揭示本源，为弘扬中华优秀传统文化、增强文化自信提供坚强的考古学术支撑。

（作者为广东省文物考古研究所研究员）

# 17 不断彰显制度史研究的时代价值

习近平总书记指出，“在几千年的历史演进中，中华民族创造了灿烂的古代文明，形成了关于国家制度和国家治理的丰富思想”。深入研究中国制度史，对于坚持和完善中国特色社会主义制度、推进国家治理体系和治理能力现代化具有重要意义。

——编　者

《人民日报》（2020年09月14日　第09版）

# 从制度史研究中汲取智慧

陈其泰

关于制度史的记载和研究，历来是中国史学的重要领域，其著作之繁富、见解之精当，举世罕有其匹。中国的制度史记载在周代就奠定了深厚基础，历经两汉、魏晋南北朝又有了显著提升，至唐代以杜佑《通典》著成而达到高峰，以后又产生多部名著，成为传统史学的一个重要研究领域。坚持以唯物史观为指导，在继承前人丰硕成果的基础上推进新时代制度史研究，有利于深化对历史和现实的认识。

## ◆ 制度史研究有利于中华文明长期连续发展

我国制度史研究发达，实际上是由中华文明长期连续发展的壮阔历史所推动形成的，其研究成果反过来又成为推动中华文明连续发展、巩固国家统一的重要保障。

殷商灭亡后，殷遗民箕子向周武王提出了“洪范九畴，彝伦攸叙”的施政建议，其中就包括在制度层面对殷商灭亡的反思和对今后社会应重视制度规范的忠告。西周初年实行的分封制、内外服制、宗法制、等级爵位制等，是以周公为首的周初决策集团为适应统治广大地域的现实需要而创设的，对于推动中华文明发展、促进全国统一起到了重要作用。先秦时期的重要典籍《尚书》《左传》《国语》《管子》等，都有大量关于国家制度和政治家、思想家重视制度运行言论的记载。著名的“三礼”（《周礼》《仪礼》《礼记》）所载，包括周代官制、政制、礼仪制度以及对礼仪文化的阐释，成为儒家的重要经典。

中华文明长期连续发展形成了我国先民发达的历史意识，到了西汉国势强盛的时代，更激发了史家撰著通史的热情。司马迁著《史记》，以“通古今之变”为著述宗旨，与“本纪”“列传”相配合，特意创立了“八书”以记载典章制度的由来和发展，影响极为深远。东汉班固撰成《汉书》，将这一优良传统进一步发扬光大。西晋史家司马彪撰著《续汉书》，在其所撰“八志”中，《郡国》《百官》《舆服》等篇均为首创。其后范晔撰成《后汉书》，只有纪、传部分而缺志，成为极大遗憾，后人遂将司马彪的“八志”合并于其中，乃成完帙。

中唐时杜佑撰成《通典》200卷，将制度史研究推向了高峰。《通典》是通史性质的巨制，贯通上下，记载古代以来各种重要制度。这一杰作的产生是中华文明高度发达的集中表现，意义极为深远。《通典》的撰著，就是要证明制度的恰当建立和适时调整对于国家治理和社会进步具有重大意义。《通典》的成功大大扩大了制度史研究的影响，南宋郑樵所撰《通志》，宋元之际马端临所撰《文献通考》，都是继起的名著，与《通典》合称“三通”。再加上宋元以后多部会要、会典体例的著作，还有《续三通》《清三通》，制度史研究达到兴盛，成为传统史学中仅次于纪传体、编年体的又一重要体例。这些著作为后世学者探究制度利弊对国家盛衰的影响提供了极大便利。

清朝嘉道年间至20世纪初年，是内忧外患、民族危机日益深重的时期，亟须变革政治，实现救亡图强。因此，制度史研究领域面临新课题，也出现了许多新思考。其突出表现是：其一，著名思想家魏源通过深刻总结历史上制度的变迁呼吁革故取新，并倡导“师夷长技以制夷”。他大力收集有关外国历史、政治、制度的材料，编撰成《海国图志》。其二，至戊戌维新前夕，黄遵宪著成《日本国志》，向国内介绍日本“改从西法”所颁行的各项制度，成为国人了解世界潮流的一个窗口。其三，刘锦藻于1904年著成《清续文献通考》（初为300卷，后来增订为400卷），内容接续乾隆年间官修《清文献通考》，并增加外交、邮传、实业等门类，纂辑了丰富的新材料，及时反映晚清政治、经济、外交领域的新变化，同时包含大量揭露列强对我侵略、掠夺、欺凌的议论，充满爱国之情。此书是传统制度史研究的压轴之作。

### ◆ 制度史研究因坚持唯物史观而创辟新境界

现代史家既秉承前人的丰厚遗产，又以新的视角、新的方法治学，因而不断取得新的成就。尤须注意到，由于史家自觉坚持以唯物史观为指导，制度史研究达到新的境界。

以范文澜所著《中国通史简编（修订本）》为例，该书将唯物史观与探索中国制度史相结合，提出许多新的论断。比如，称汉武帝在创立制度上充分表现出他的雄才大略，所规定的诸王分土不治民、朝廷确立铸钱权、盐铁官营、赋税制度、尊儒立官学等项，都影响了此后封建时代各王朝，后代“只能修改补充，而不能废除另创”。隋朝虽然只历经38年，但其新创制度基本上为自唐至清历代所沿袭。这是因为，隋的制度标志着自东晋迄南北朝近300年分立局面重新走向统一，因而无论官制、礼制、选举制度等项，都突出地反映了中央集权制的加强、长期南北界限的泯灭。像这样别开生面的论述，确实能使读者深受启发。新中国成立后特别是改革开放以来，我国史家正是坚持以唯物史观为指导，开创了制度史研究的新局面。

唯物史观坚持以普遍联系、唯物辩证的态度分析一切问题，以此指导对错综复杂的历史现象进行探索，因而能不断有新的发现。正是因为坚持唯物史观进行实证研究，制度史研究才能达到对历史的整体性和更深层次的认识。党的十九届四中全会《决定》提出坚持和完善中国特色社会主义制度、推进国家治理体系和治理能力现代化，这对制度史研究提出了新的更高要求。我们要坚持唯物史观，充分借鉴前人在制度史研究方面的成功经验，深刻认识制度史研究的时代价值，既善于继承，又勇于创新，让制度史研究不断焕发新的光彩。

（作者为北京师范大学历史学院教授）

# 抓住制度史研究新契机

赫治清

中国特色社会主义制度和国家治理体系具有深厚的历史底蕴。在长期历史发展中，中华民族创造了灿烂的古代文明，形成了关于国家制度和国家治理体系的丰富思想。这些思想中的精华是中华优秀传统文化的重要组成部分，是历朝历代国家治理的重要思想源泉，也是中国特色社会主义制度和国家治理体系的深厚历史底蕴。我国历史发展中逐步形成的一整套包括朝廷制度、郡县制度、土地制度、税赋制度、科举制度、监察制度、军事制度等各方面制度在内的国家制度和国家治理体系，成为制度史研究的重要内容。党的十九届四中全会《决定》提出坚持和完善中国特色社会主义制度，推进国家治理体系和治理能力现代化。这为深化中国制度史研究指明了方向、提出了要求、注入了活力，为开创中国制度史研究新局面提供了重要契机。

制度向来是定国安邦之根本。政权要巩固、经济要发展、社会秩序要稳定、人民要安居乐业，都离不开制度的保障。以清朝为例，明清鼎革之后，清初统治者的国家制度建设就是从因袭明制开始的。顺治、康熙皇帝及其后继者进一步强化了封建君主专制集权体制，于内阁六部之外，独创了南书房和军机处等中枢行政机构及奏折制度和秘密建储制度，继承发展了郡县制和行省制、立法司法制度、监察制度、户籍保甲制度、宗族制度、科举考试和学校教育制度。与此同时，制定了一系列有利于发展生产、增加财税收入的财经制度。当然，由于阶级和历史局限，康乾时期的根基之制，既包含中国传统制度文化的精华，也存有封建糟粕。深化中国制度史研究，需要坚持运用唯物史观，对历史进行辩证剖析。

历史的发展也一再证明，制度需要与时俱进。到19世纪初，中国内外环境发生了深刻变化，清朝统治者却未能与时俱进、更新观念，发扬儒家变通思想和革故鼎新精神，及时谋划制度创新、调整政策举措，推出符合时代潮流的治国理政方略。由于固步自封、不思进取，拉大了同西方国家的差距。至道光二十年（1840年），清王朝由盛而衰的颓势愈益加深，政治腐败、军备废弛、财政拮据、危机四伏，以致在英国发动侵略的鸦片战争中遭到失败，中国开始逐步沦为半殖民地半封建社会。

面对深重的民族危机，无数仁人志士为改变中国前途命运，开始探寻新的国家制度和国家治理体系，尝试各种制度模式，但都一一失败了。只有在中国共产党成立后，中国人民和中华民族才找到了实现民族独立、人民解放和国家富强、人民幸福的正确道路。中国特色社会主义制度和国家治理体系是经过革命、建设、改革长期实践形成的，是马克思主义基本原理同中国具体实际相结合的产物，是理论创新、实践创新、制度创新相统一的成果，凝结着党和人民的智慧，具有深刻的历史逻辑、理论逻辑、实践逻辑。我们要通过深化制度史研究，加深对坚持和完善中国特色社会主义制度、推进国家治理体系和治理能力现代化重要性的认识。

历史是一面镜子，鉴古知今，学史明智。重视历史、研究历史、借鉴历史是我国史学的优良传统。中华文明5000多年发展史孕育出的中国制度长卷，博大精深、精彩纷呈，值得我们深入研究。要坚持以习近平新时代中国特色社会主义思想为指导，不断深化制度史研究，把握趋势规律，总结经验教训，开创中国制度史研究新局面，为坚持和完善中国特色社会主义制度、推进国家治理体系和治理能力现代化提供智力支撑、历史借鉴。在具体研究工作中，要把党的十九届四中全会《决定》提出的坚持和完善13个方面制度体系作为探讨中国制度史的顶层设计和基本路径。坚持以发展的眼光考察制度运行机制及其成败得失，捕捉关键节点；坚持既见物又见人，关注制度决策者、参与者的责任和执行力；坚持多学科综合研究，注意将历史学、考古学、文献学、经济学、社会学、思想观念史学结合起来，推动研究不断深化拓展。

（作者为中国社会科学院中国历史研究院古代史所研究员）

# 制度史研究要有整体观

陈长琦

制度史研究作为史学研究的重要内容，应该遵循史学研究的规范与方法，尤其需要有整体观。整体观是一种科学的思维方式，要求从整体把握、观察和研究事物。事物的各个部分之间是相互联系、相互作用、相互依存的。只有从整体来看事物，才能避免局限性、片面性，进而实现全面并准确认识事物的目的；只有从整体来看部分，才能更清楚、更准确地认识部分，确定部分在整体中的位置。

在制度史研究中贯彻整体观，首先在研究中要有整体意识。一方面，要认识到制度本身是由各个部分有机构成的；另一方面，对于社会来说，制度又是这一整体的有机组成部分。因此，在制度史研究中应做到“从森林看树木，由树木看森林”，即从整体看部分，由部分认识整体。做到这一点，就可以避免孤立地研究制度史，孤立地研究制度史的某一部分，乃至把制度的部分误认作制度的整体。例如，对魏晋南北朝时期官僚选拔、任用制度的研究，学术界的传统观点认为，“九品中正制”就是“九品官人法”。这一观点的产生，除了受研究深度的局限，还有一个重要原因就是缺乏整体观。九品官人法包含两部分，即九品选拔人才与九品任用人才，这两部分是相互联系的。九品选拔人才是以九等的形式评价人才，将人才区分为九等；九品任用人才是根据官员职位的重要性，九等标注其所需的人才品级，为官员职位选用合格的人才。九品选人与九品任人综合起来，形成九品官人法这一制度的整体。在九品选人中，不仅有中正品评，还有察举、考试等不同的人才评价方式，士人可以经由中正品评、察举、国子学或太学考试获得自己的人才品级。因此从整体观来看，九品中正制，即中正的人才品评，仅仅是九品官人法这一魏晋南北朝时期官僚选拔、任用制度中人才评价体系的一个环节，它不仅不是九品官人法这一制度的整体，甚至也不是九品评价人才形式的全部，而只是九品评价人才这一形式的一部分内容。

制度史研究中的整体意识，还体现为在研究中做到“瞻前顾后，左顾右盼”。所谓“瞻前顾后”，就是在研究制度史时，我们既要向前看，考制度之渊源；又需向后看，察制度之流变。事物既是整体的，也是发展的、变化的。制度并非一成不变，而总是在发展变化。“瞻前顾后”不仅便于我们对制度进行价值判断，而且便于我们对制度演化过程进行科学把握。所谓“左顾右盼”，就是我们要在整体的观照下，由部分出发去考察该部分与其他部分之间的有机联系，要牢记我们是在整体之中研究部分，观照自己研究的对象与其他部分的联系，避免对部分作孤立的研究。

在制度史研究中贯彻整体观，在研究中还要有整体视野。在研究工作中，我们有时不乏整体意识，却仍然看不到或者看不清制度的整体，主要原因是缺乏整体视野。人们的整体视野往往受到两种情况制约，一是客观的遮蔽，二是主观视阈的局限。人们常说的“一叶障目，不见泰山”，又说“不识庐山真面目，只缘身在此山中”，就是指客观的遮蔽。而盲人摸象的故事，则说明了主观视阈的局限。消除客观的遮蔽，坚持整体观，可以通过一些方法来实现。例如，转换视角就是一个好的方法。当研究陷入僵局的时候，跳出研究窠臼，转换视野、转换认识问题的角度，就可能会看到一片新天地，认识过去没有认识到的问题。致力消除主观视阈的局限，则需要我们不断增强学养，努力掌握科学的认识工具，不断提高认识能力，从而扩展我们的视野。

人们认识事物的规律、研究事物发展的过程，往往是从具体问题、从部分开始的，通过部分去认识整体，这是我们进行制度史研究的一般规律。制度史研究工作有时也如同盲人摸象，一开始我们所接触到的往往只是具体的制度或制度的部分。但是，只要具备整体观，胸中有整体，不浅尝辄止、不固步自封，坚持由一部分到另一部分深入探究下去，就有可能把握制度的整体，获得对制度整体的认识。制度史研究应该有整体观，而整体意识与整体视野则是我们坚持整体观所应把握的重要内容。

（作者为华南师范大学历史文化学院教授）

# 让制度史更为鲜活

李金铮

上至国家的政治、经济运行，下至个人、家庭的日常生活，都须臾离不开制度。正因如此，无论是当下的制度现象还是历史上的制度现象，都成为不同学科关注和研究的对象，其中尤以历史学、政治学、社会学、人类学、经济学着力最多。就中国史而言，制度史研究长期以来占有十分重要的地位，政治制度史特别是官制史研究的成就颇为丰硕。

近些年，制度史研究取得了一些突破性进展。一是对制度概念的理解相较以前更为丰富和深刻。如果说以往的解释多为笼统的法律、法规、政策、规定，今天的学者则更多地将制度分为正式制度和非正式制度。无论是正式制度还是非正式制度，其形成都是为了平衡社会各方的利益，降低社会运行成本。二是制度史研究的方法和视角发生了变化。传统制度史更多是对官制机构以及法律、法规、政策条文的梳理、考证，缺乏对实际运行的研究，忽略正式制度和非正式制度之间的互动关系，忽视人在制度实施中的作用。而今，一些学者注意到制度规定与具体实践之间是有距离的，纸面条文是一回事，具体贯彻是另一回事，由此强调打破僵硬的制度研究，关注制度实际运作中的各种利益关系，也就是所谓“活”的制度史。正是在这些变化的基础上，制度史研究焕发出新的活力，不断彰显时代价值。

同时也要清醒地看到，以新的视角和方法进行研究的制度史成果不多，还没有突破传统研究范式，对制度具体执行过程研究较少，更谈不上理论、概念的提炼了。之所以出现这种状况，主要有三个方面的原因：其一，不少学者以新的理念和方法进行制度史研究的意识还不够强。孔子说：“我欲仁，斯仁至矣。”只有内心充满对仁的渴望，仁才能到来。学术研究也是如此，有无强烈的创新意识，结果自然不同。其二，客观条件的限制。在制度史研究中，尤其对于中国近现代史而言，法律、法规之类的条文资料易于留存，也易于看到，但它们是如何出台又是如何具体实施的，这类资料则多散见于档案馆，或者需要进行田野调查才能获得，这就比搜集条文资料难多了。而且，制度形成和实施过程中涉及不同力量的博弈，其复杂心态及行为方面的资料更是难得一见，从而给研究带来了困难。其三，研究者的知识结构尚有缺陷。制度史与政治学、社会学、人类学等相关学科的关系密切，要想进行深入研究，必须学习和借鉴这些学科的理论和方法。很多历史学者缺乏其他学科知识，做研究时难免捉襟见肘。这些不足需要对症下药逐一解决，研究中可着重把握以下几点。

让机构沿革的历史“活”起来。以清末北洋时期经济行政机构的变革为例。清代本无专门负责经济发展的机构，与经济有关的为户部和工部。甲午战争后的1898年，开始设立农工商总局和矿务铁路总局。1901—1907年新政期间，先后设立商部、度支部、农工商部和邮传部。1912年民国成立后设财政部、农林部、工商部、交通部。1913年，农林、工商两部合并为农商部。一般论著对以上官制名称、官制机构有较为清晰的描述，但任何旧的机构的裁撤和新的机构的建立，都不是简单的名称、职能及官员的变化，需要对其设置的背景、讨论过程、正式建立以及选拔官员等方面进行细密的梳理和分析。

让条文制定的历史“活起来”。比如，清末1898—1911年颁布的经济法规达60多个，包括综合性法规《商人通例》《公司律》《商标注册试办章程》，行业管理法规《试办银行章程》《矿务铁路公共章程》，奖励实业法规《振兴工艺给奖章程》《奖励公司章程》等。北洋政府时期，1912—1923年也颁布了不少经济法规，包括工商矿业法规《公司条例》《商人通例》，农林牧渔法规《边荒承垦条例》《森林法》，交通运输法规《航业奖励条例》《民业铁路法》，银行金融法规《国币条例》《证券交易所法》等。研究这些经济法规，不能仅仅限于法规条文的罗列，而应对其制定和出台过程中哪些机构哪些人参与了讨论、有无不同意见、为什么会有争论等进行“活”的揭示。

让制度实施的历史“活起来”。以清末北洋时期为例，这一时期颁布的经济法规较多。这些法规如何实施、实施效果如何，是值得探讨的问题。事实证明，如此多的经济法规虽不能说没有取得一点效果，但与刺激和推动经济发展的设想存在很大距离。就民族资本主义企业而言，即便有一定的发展，也更多是因为有抵制外货的反帝爱国运动的支持，以及与1904—1905年日俄战争、1914—1918年第一次世界大战导致外国对华商品输出减少等有关。为什么这些经济法规所起的作用有限？这就需要对其具体实施过程进行深入研究，分析各方力量之间的矛盾和博弈，探讨阻碍经济法规实施的诸多因素，最终展现立体的、丰富的、可信的历史本来面貌。

（作者为南开大学历史学院教授）

# 18 深化中国古代制度史研究

中华文明能够长期延续、不断发展的一个重要原因，就在于内涵丰富、各具特色的制度逐步发展成为一整套制度体系，为国家治理提供了制度保障。制度的记录与整理是中国传统文献的重要内容，中国古代制度史研究有着悠久传统，形成了丰硕成果。新时代，深化中国古代制度史研究，对于坚持和完善中国特色社会主义制度、推进国家治理体系和治理能力现代化具有重要意义。

——编　者

《人民日报》（2020年06月22日　09版）

# 不断深化中国古代制度史研究

卜宪群

中国在人类社会发展史上曾经长期处于领先地位，在漫长的历史进程中创设了许多值得珍视的制度。中华文明能够长期延续、不断发展的一个重要原因，就在于内涵丰富、各具特色的制度逐步发展成为一整套制度体系，为国家治理提供了制度保障。中国古代制度史一直是历史研究的重要内容。今天，不断出现的新问题、新材料、新方法、新理论推动中国古代制度史研究焕发勃勃生机、呈现繁荣局面。

## ◆ 中华文明素有重视制度建设的传统

制度是指“要求大家共同遵守的办事规程或行动准则”，也指“在一定历史条件下形成的政治、经济、文化等方面的体系”。中华文明素来重视制度建设，重视制度体系与治理体系相统一，重视制度体系与治理体系的继承和创新。

中华文明素来重视制度建设。周灭殷后，殷遗民箕子向周武王提出了“洪范九畴，彝伦攸叙”的制度安排构想。“彝伦”指法则，“攸叙”指正常秩序。“彝伦攸叙”，是指构建合理有序的政治与社会秩序。反之则“彝伦攸斁”，也就是政治与社会秩序遭到破坏。“彝伦攸叙”倡导制度设计要适应常理、施行顺遂的变化观，是历代都遵循的关于制度制定的重要思想。明清之际，思想家王夫之曾总结说：“彝伦攸叙，虽有不善者寡矣；彝伦攸斁，其于善也绝矣。”西周开始，关于制度建设重要性的认识史不绝书。如《尚书 · 周官》说“制治于未乱，保邦于未危”,《管子 · 法法》说“太上以制制度”,《周易 · 彖辞》说“节以制度”,《左传 · 襄公二十八年》说“为之制度，使无迁也”,《商君书 · 壹言》说“凡将立国，制度不可不察也”,《荀子·儒效》说“法先王，统礼义，一制度”,《荀子·王制》说“是使群臣百姓皆以制度行”。约成书于战国时期的《周礼》，本身就是制度思想之作，其开篇“惟王建国，辨方正位，体国经野，设官分职”，讲的也是制度建设的重要性，对中国古代政治制度建设产生了重大影响。先秦的内外服制、分封制、礼制、世卿制、郡县乡里制、军功爵制、官僚制等，都是各种制度建设思想的实践形态。秦汉大一统国家建立后，维护和巩固大一统秩序的各项制度更加完善，构成了中华文明制度体系的核心内容。

中华文明高度重视制度体系与治理体系相统一。制度体系需要通过治理体系体现出来，治理体系是对制度体系完善与否的检验，二者是有机统一的。《尚书 · 周书 · 周官》说“议事以制，政乃不迷”，这里的“政”就是治理体系。有了制度，治理才不会迷失方向。中国先秦时期已经有了丰富的“治”与“治理”思想，有了“治”与“乱”的区别。秦汉以后，重视“治理”作为一种政治文化传统，在政治家、思想家那里得到肯定并不断延续，并被更多地引入政治实践领域，形成了富有中华文明特色的治理体系，体现在政治、经济、法令、文化、社会、军事、生态等诸多方面。

中华文明高度重视制度体系与治理体系的继承和创新。《商君书·壹言》说“制度时，则国俗可化，而民从制”，贾谊《过秦论》说“察盛衰之理，审权势之宜，去就有序，变化因时，故旷日长久而社稷安矣”，都是强调制度体系与治理体系在继承的基础上进行创新的重要性。中国古代经历了不同社会形态，也经历了很多次改朝换代，但在制度体系与治理体系上大都能够做到继承与创新的有机统一。以贵族等级分封制为代表的先秦国家制度体系和治理体系，在春秋战国以后已经不适应时代发展的需要，以中央集权制、郡县制为代表的大一统国家制度体系与治理体系应时而生；源自秦汉的中央集权制，在魏晋南北朝、隋唐、宋辽金元明清还在创新发展，不断显示出继承性和创新性有机统一的特点。

## ◆ 制度史研究向为史家所重

中华文明悠久的制度建设史、制度在历史发展进程中发挥的重要作用，都促进了中国古代的制度记录与整理，激发了史家对制度史研究的极大热情，制度史研究一直是我国史学研究的重要领域。

在中国传统文献中，制度的记录与整理是一项重要内容。在反映先秦历史的《尚书》《左传》《国语》《周礼》《逸周书》《仪礼》《礼记》《管子》等书中，就有许多关于制度的记载。中国第一部纪传体通史《史记》中的《礼书》《乐书》《律书》《天官书》《封禅书》等“八书”，记载了不少自先秦至汉初的制度沿革，开创了历代“正史”重视制度记录之先河。《汉书》继承这一传统，以“志”“表”的形式，系统记录了西汉一代法律、职官、行政区划、祭祀等制度。补入《后汉书》的“八志”，在制度记录的体例上更加完善统一，具有重大历史价值。“二十四史”中确有部分史书因时代原因而无志书，但统一王朝建立后，往往都会补上这一缺憾。如《晋书》补《三国志》缺“志”之不足，从而使各时期制度状况能够延续不断记录下来。隋唐以后，更加重视制度的记录、整理、研究。唐代杜佑的《通典》、刘秩的《政典》、苏冕的《会要》，开创了典制体政书通史和断代史之先河。《通典》编纂历时30余年，以200篇的鸿篇巨制，分为食货、选举、职官、礼、乐、兵、刑法、州郡、边防等九类，记录了上自轩辕唐虞三代、下迄唐天宝年间（部分延至肃、代之际）的制度演变，影响至巨。此后，南宋郑樵的《通志》、宋元之际马端临的《文献通考》与《通典》并称为“三通”。此后，历代典制体政书编纂续之不绝，至民国时完成《清续文献通考》，被合称为“十通”，与“会要”“会典”等体裁互为补充，是反映历代制度沿革的重要史料。

与丰富的制度记录并驾齐驱，中国古代制度史研究也有悠久的传统。古人虽不以“制度史”命名，但从不同角度进行了制度史研究。如《周礼》一书，虽然不能被完全视为周代制度本身，但实际上是一部以自己思想体系研究“制度史”的产物，只不过与我们今天制度史研究的表达方式与范畴有所区别而已。其实，除官府文书档案等直接材料之外，无论正史中的制度记录，还是典制体政书中的记载，都带有史家自己的剪裁选择，不能完全等同于制度本身。还需要注意的是，古今对“制度”的理解固有差异，古人确有“制度”与“人事”不分的特点，但也不可一概而论，诸如《后汉书·百官志》《汉官仪》之类，还是以狭义的制度为主的。同样，近代以来的制度史研究固然有时代赋予的色彩，也存在重制度而轻人事的现象，但并非不重视人事，如钱穆在《中国历代政治得失》前言中就说：“要讲一代的制度，必先精熟一代的人事。”再如《隋唐制度渊源略论稿》《东晋门阀政治》等将制度与人事研究相结合的佳作也不少见。

中国古代制度史研究是20世纪以来特别是新中国成立以来我国史学研究的重要内容。改革开放后，因新理论、新方法的引入和新史料的发现，中国古代制度史研究出现了大发展局面。一方面，以政治制度为主体的各项制度研究日益深化、细化，制度史研究的领域大大拓宽；另一方面，对制度史研究的理论方法探讨与存在问题的反思愈益引起关注。“活的制度史”、制度与“日常统治”、“制度史观”等问题的提出，对深化制度史研究均有启发意义。但正如学者所说，无论哪种思考，“都要坚持以唯物史观为指导”，这是当代中国史学发展的根本方向。

### ◆ 中国古代制度史研究极具当代价值

中国传统史学素有经世致用的特点，制度史研究也不例外。杜佑称《通典》编纂“实采群言，征诸人事，将施有政”；杜佑友人李翰在为《通典》所作序文中认为，《通典》能够“以为君子致用，在乎经邦”，就是阐明制度史研究的现实意义。一个国家选择什么样的制度与其历史底蕴和文化传统有关。中国特色社会主义制度与中国古代制度当然有着本质区别，但中国古代制度及其在传承中华文明方面的历史经验，对今天坚持和完善中国特色社会主义制度、推进国家治理体系和治理能力现代化仍有重要借鉴意义，这也是中国古代制度史研究的当代价值所在。

习近平总书记指出：“中国特色社会主义制度和国家治理体系具有深厚的历史底蕴”。深厚的历史底蕴自然涵盖中华民族自古以来逐步形成的一整套国家制度和国家治理体系。探讨中国特色社会主义制度和国家治理体系与中华民族自古以来逐步形成的一整套国家制度和国家治理体系之间的内在逻辑关系，是新时代中国古代制度史研究的新方向、新命题。比如，探讨中国古代德主刑辅与今天坚持依法治国和以德治国相结合、建设社会主义法治国家之间的关系，探讨中国古代尚贤用能与今天坚持德才兼备、选贤任能、聚天下英才而用之之间的关系，探讨中国古代协和万邦与今天构建人类命运共同体之间的关系，探讨中国古代追求天人合一与今天建立和完善生态文明制度体系、促进人与自然和谐共生之间的关系，探讨中国古代坚持“要在中央”与完善坚定维护党中央权威和集中统一领导的各项制度的关系，等等。探讨这些关系，从中国古代制度中汲取智慧，有利于坚持和完善中国特色社会主义制度、推进国家治理体系和治理能力现代化。

制度是中华文明发展的标志性载体，是社会形态与社会阶段划分的重要标志，制度史是中国古代史研究的重要内容。习近平总书记强调：“加快构建中国特色历史学学科体系、学术体系、话语体系。”深化制度史研究在加快构建中国特色历史学学科体系、学术体系、话语体系方面具有引领作用。我们要汲取古人在制度史研究方面的优良传统，结合新的时代要求不断开辟制度史研究新境界，充分彰显制度史研究的当代价值。这既是加快构建中国特色历史学学科体系、学术体系、话语体系的内在要求，也是推动中华优秀传统文化创造性转化、创新性发展的必然要求。

（作者为中国社会科学院古代史研究所所长、中国社会科学院习近平新时代中国特色社会主义思想研究中心研究员）

# 认识古代中国的一把钥匙

晁福林

研究中国古代社会，必然要关注上层建筑与经济基础两大层面。经济基础决定上层建筑，上层建筑影响经济基础。上层建筑对经济基础的影响是多方面的，制度的创建和运行是其中的关键，制度史研究是认识古代中国的一把钥匙。

在社会生活中，大至国家行政，小到民众日常，无不与制度相关。我国古代有识之士对于制度的普遍性、重要性有着十分深刻的认识。战国时期的儒家学者说，治国须有“絜矩之道”。所谓“絜矩”，就是规矩制度。宋代的思想家朱熹说：“如礼乐刑政，文为制度，触处都是。”明清之际的思想家王夫之引当时人的说法认为：“天下之大，兆民之众，须有规矩制度，使各守其分”。

“制”和“度”两个字，虽然在上古文献及甲骨文和青铜器铭文里面就可以见到，但将它们合在一起，形成“制度”这个概念则比较晚，可能是在战国秦汉时期。有的文献认为黄帝创建制度，也有文献认为夏禹、商汤、周文王、周武王都在制定制度。

制度的创建，往往是那个时代的政治家、思想家根据人民群众实践和社会发展实际反复研判权衡的结果。例如，周代以礼乐文明著称，其礼乐制度主要保存于“三礼”之中。《周礼》讲王朝官制和政治制度，《仪礼》记述有关冠、婚、丧、祭、乡、射、朝、聘等礼仪制度，《礼记》则阐释各种礼仪制度的精神和意义。周公作为一位卓越的政治家、思想家，确定了周代多种礼乐制度的纲领和原则，阐发了礼仪的文化精神。后人将并不是他撰著的《周礼》《仪礼》归之于他的名下，倒也不无道理。

制度是经过长期社会实践形成的，有些制度可以运行数百年之久而无大的变动，主要原因是其顶层设计适应社会发展的需要。例如，源起、发展于隋唐时期的科举制度，适应社会选拔人才的需要，是古代中国相对公平的人才选拔方式。相比之前的察举制、九品中正制等，科举制度对于社会各个阶层的人而言体现了一定的公平性，所以尽管其弊病不少，但运行了上千年之久。

还有一些重要制度必须依照社会发展的实际情况不断进行调整，所谓“世异事变，治国不同，不可不察也。夫制度损益，此古今之不必同者也”，讲的正是这个道理。在中国古代社会，最常变动的是赋税制度。赋税制度与国家、地方及民众的经济收入息息相关，与土地制度、人口状况等紧密相连，所以科学合理的赋税制度是国家大政方针的重要内容。从夏商时代的贡纳制度到清代的“摊丁入亩”，赋税制度在历代经过了大大小小无数次变革。

制度是经济、政治、文化等领域发展实践、发展理念的结晶，认识某一历史时期的社会发展状况，了解其制度可以说是最佳门径。例如，周代社会以宗法制和分封制为两大支撑基石。如果对这两项制度有了深刻认识，那么关于周代社会的诸多问题就会迎刃而解。再如，春秋战国是中国古代社会形态发生根本变革的时期，认识这一变革的情况及其意义，就须先了解这一时期的制度变革。这一时期许多诸侯国都在进行的“变法”，实际上就是为适应社会发展需要而进行的制度变革。拿著名的商鞅变法来说，其核心内容就是以国家授田制代替传统的井田制、以军功爵制代替传统的世卿世禄制。如果对于这些具有根本性意义的制度变革没有认识，要了解当时社会的巨大变革是不大可能的。

王国维认为：“欲观周之所以定天下，必自其制度始矣。”这是一个很精辟的观点。中国古代社会研究不妨也“自其制度始”。这样来研究，定会取得很大成绩。

（作者为北京师范大学历史学院教授）

# 以科学方法提升制度史研究水平

周　群

“经国序民，正其制度。”从人类历史发展进程看，严格意义上的制度创设是人类社会从蒙昧时代进入文明时代的重要标志。作为史学研究的重要分支，制度史研究向来是中外史家关注的重点，也是中国传统史学的优势所在。正是借助对制度形成与演变的研究，我们才对历史发展进程有了更深刻的理解。无限的“过去”都以“现在”为归宿，无限的“未来”都以“现在”为渊源。深入开展制度史研究，无疑具有重要的现实意义和时代价值。

当前，深化制度史研究正逢其时。党的十九届四中全会提出坚持和完善中国特色社会主义制度、推进国家治理体系和治理能力现代化的重大任务，这对深化制度史研究提出了新要求。鉴古知今，学史明智。新时代推动中国特色社会主义制度更加成熟更加定型，需要我们从历史深处出发，总结制度建设的历史经验，揭示制度演变的历史规律，把握制度发展的历史趋势，在对制度史的深入研究中汲取智慧、走向未来。

中国古代史家积累了极其丰富的制度史研究经验。唐代杜佑所著《通典》载：“必参古今之宜，穷始终之要，始可以度其古，终可以行于今”。这阐明了中国古代史家开展制度史研究的旨趣与方法，至今仍不乏启示意义。今天，我们研究制度史，必须坚持以习近平新时代中国特色社会主义思想为指导，坚持辩证唯物主义和历史唯物主义，坚持发展的、联系的、全面的观点，注意做到“五见”，即见史、见人、见事、见势、见智，从制度史研究中获得有益启示。

见史。所谓见史，就是要从制度本身出发，搞清楚历史上不同制度的本来面目，体现的是史家博学切问的功夫。以魏晋南北朝的九品官人法为例。长期以来，许多人一直把这项制度与九品中正制相混淆，以为九品官人法就是九品中正制。有学者通过认真爬梳史料、排比分析，纠正了过去误把乡品等同于资品、把九品中正制误作九品官人法的错误，得出了中正品评人才仅仅是九品官人法这一官员选拔、任用制度中人才评价体系的一个环节的科学认识。可见，开展制度史研究，首先需要在见史上下功夫，还原制度的本来面目。这是制度史研究的基础环节。

见人。所谓见人，就是要充分考虑制度背后的人。制度是由人建立的，也是由人施行的，制度与人之间有着十分密切的关系。“纵有良法美意，非其人而行之，反成弊政。”制度史研究需要深入考察人在执行制度时的具体表现。以明代的法律制度为例。明太祖朱元璋亲自裁定颁布的《大明律》条文简要、量刑严酷，尤其注重对官员的管理。但明代法律在执行过程中出现了偏差，到明中叶张居正改革时，官僚争权夺势、玩忽职守的腐败之风已经相当严重。如果史家看不到这种实际情况，就无法理解张居正为改变当时状况以“课吏职”为手段推行考成法的必要性。制度是死的，人是活的。研究制度史不能仅就制度谈制度。如果看不到制度制定过程中人的作用，看不到制度执行过程中人的变通，制度史研究就很难得出正确的结论。

见事。所谓见事，就是要从制度运行出发，通过历史事件考察制度的制定、执行及其产生的实际效果。以西汉的刺史制度为例。刺史监察的对象和任务史有明文，即“以六条问事”，但仅凭这些简单的条文，我们很难形成对刺史制度具体而形象的认识。此时，如果注意到《汉书·朱博传》有关朱博为冀州刺史时的巡察记录，以及史书上其他相关典型事件，就可以从这些制度史事件反窥制度创建及其运行的奥秘和规律。无数过往的制度史事件构成了制度史研究的丰厚底蕴，我们必须倍加重视、充分挖掘，为提升制度史研究水平作出贡献。

见势。所谓见势，就是要坚持长时段的眼光，用发展的、变化的观点考察历史上的制度变迁，总结制度变迁的规律。唯有见势，才能体现史家观往察变的能力。以中央集权制度为例。在中国封建社会，中央集权制度对大一统国家发展、中华民族凝聚力形成所起到的积极作用，值得我们重视和研究。见势，往往能把制度史研究提升到更高的境界。

见智。所谓见智，就是要让制度史研究做到既能入乎其内，又能出乎其外，为我们今天立身行事、治国理政提供来自历史的智慧。这是史学鉴古知今功能的重要体现。以制度建设本身为例。中国自古以来就有高度重视制度建设的传统，就有高度重视制度建设历史经验的传统。班固对通过稽考古制来收获治国之策有过精彩论述："《虞书》曰：'乃同律度量衡'，所以齐远近，立民信也。自伏羲画八卦，由数起，至黄帝、尧、舜而大备。三代稽古，法度章焉。周衰官失，孔子陈后王之法，曰：'谨权量，审法度，修废官，举逸民，四方之政行矣。'"党的十八大以来，我们党之所以在制度建设上取得重大成就，一个重要原因就在于以习近平同志为核心的党中央高度重视历史研究，注意研究借鉴中外历史上制度建设的经验和成果，化知为智、制以载智，为当代中国发展进步注入了来自制度史的智慧和力量。

（作者为中国历史研究院科研管理部副主任、编审）